广岡達朗×田原総一朗

球界、政治・経済、マスコミ、この国の未来のために

私たちの「遺訓」

ワニ・プラス

はじめに　田原総一朗

一度、広岡達朗さんと話をしてみたかった。

プロ野球界には「名選手、必ずしも名監督ならず」という格言がある。しかし、広岡さんは違う。早大野球部在籍時には〝神宮の貴公子〟と呼ばれたスター選手であり、プロ野球の現役時代はかつての常勝・巨人軍を支えた名ショートであるうえに、監督としても、セ・パ両リーグで日本一を達成した名将という稀有な存在である。

私は、広岡さんほどの才能と努力する力を持つ人間であれば、何をやっても、どんな職業に就いても、絶対に成功しただろうと思う。だからこそ、広岡さんがなぜ「野球で生きていこう」と考えたのかについて、非常に関心があった。また、現在のプロ野球チームの監督は広岡さんの愛弟子が多くを占めている。これまでに大勢の選手を育ててきた広岡さんの指導の秘訣、人材育成の要諦についてもぜひお話を聞いてみたいと思った。

そして私自身が野球少年だったこともあり、メジャーリーグに渡った大谷翔平や日本ハムに入団した清宮幸太郎らの若手選手たち、清原やイチロー、また金田正一など往年の名選手についての広岡さんの評価を、直に耳にしたかった。

広岡さんには、人生を「真剣勝負」で生きてきた男の気魄を感じる。

私も、ジャンルは違えどもジャーナリズムの世界に身を置き、『朝まで生テレビ！』（テレビ朝日系）ほかの現場で長年、政界や経済界、マスコミを相手に「真剣勝負」をしてきた自負がある。広岡さんのその生き方がどのようにして芽生え、何を支えに継続してこられたのかを、ぜひ知りたいと思った。

今年（2018年）、私は八十四歳、同じ早稲田大学で二年先輩にあたる広岡さんは八十六歳。ともに昭和ヒトケタ生まれで戦争も体験している世代である。

私は今回、主として聞き役にまわり、幼少の頃の戦争体験に始まり、野球との出合い、現役選手として、指導者としての広岡さんの人生を順に追いながら、私自身の人生と重ね合わせて共感する点や、私の仕事であるジャーナリズムから見た、政治やマスコミが抱えるプロ野球界と同根の問題点などについて、縦横無尽に、ときには思わぬ方向へ脱線もしながら、楽しく、興味深く対談をさせていただいた。

昨年（2017年）末よりスタートし、六回を数えた対談をまとめたのが本書である。プロ・アマ野球界の未来、政治・経済の未来、マスコミの未来、この国の未来などに対する、私たちからの「遺訓」として、読者諸兄に受け止めてもらえれば幸いである。

第三章　単身アメリカ野球留学へ

第四章　指導者としての責任とは

第五章 野球の未来、日本の未来

第一章

戦争と少年、野球と小説

海軍兵学校に憧れた少年時代

田原　私は早稲田大学で広岡さんの二年後輩にあたっていて、広岡さんが〝神宮の貴公子〟と呼ばれていた頃の東京六大学の試合を、スタンドで観戦した記憶があります。そもそも私自身が高校で挫折するまでは野球少年でした。広岡さんは同時代のぼくのヒーローです。

広岡さんと野球の出合いはいつ頃だったのですか？

広岡　広島県呉市、旧制呉一中（現呉三津田高校）の二年生のときです、戦争が終わり、中学校に運動部ができてからです。

田原　中学二年生と言えば、１９４５年（昭和20年）、敗戦の年でしょう。夏に玉音放送を聴いて、秋にはもう中学校に野球部ができていたというのは、すごいことですね。

広岡　私は軍港の街、呉で生まれ育ちました。両親は姫路出身で、親父は農家を継ぐのを嫌い、一兵卒で海軍に入った。だから軍港、軍港を転々としながら兄や姉が生まれ、呉軍港に落ち着いたときにできたのが、六番目で末っ子の私です。

田原　私は滋賀県の彦根市出身です。当時の子供の例にもれず軍国少年で、海軍兵学校に行って海軍に入ることが目標でした。海軍兵学校を出て海軍に入ることが決まった従兄弟が彦根に来たとき、短剣を差したその姿が抜群に格好良くて憧れたんです。

広岡　私もそうです。父が水兵から特務大尉まで昇進した人で、江田島の海軍兵学校に入って海軍大将になるのが夢でした。

父と街を歩いていると、マント姿の上官の父に、水兵たちが「かしら右！」と敬礼していく。子供心にも「格好いい！」と思いましたね。呉一中に進んだのも〝海軍兵学校の登竜門〟とされていたからです。陸軍士官学校なんか屁とも思ってませんでした（笑）。

田原　私は陸軍には行軍があると聞いて、長い距離を歩くのも嫌だし、行軍中に鉄砲の弾に当たって死ぬのも嫌だ。その点、海軍は歩いても甲板の上だけだから大したことないだろうなんて、子供心に考えてました。

広岡　私はむしろ父から「海軍は厳しい」と教えられていましたね。一人が悪い病におかされると、全員に伝染する可能性がある。だから、殺して遺体を海に捨てることもある。陸軍はその点、まだいい、と。

田原　ああ、海軍は軍艦という巨大な密室空間ですからね。

広岡　私が中学に入学した1944年の戦況はすでに厳しく、校舎のほとんどが準軍需工場化していました。大八車を引いて工場に行き、部品をもらってきて、トンテンカンとカンテラなどを作る。授業などまったく行われず、毎日が労働です。それでも海軍兵学校に進むための訓練はやっていました。

兵学校は器械体操が必須なので、鉄棒で逆上がりや蹴上がり、背面蹴上がりなどをする。懸垂は片手でやり、階段は二段抜かしで駆け上がり、砂地を裸足で走る。十二、三歳で毎日鍛えていたあの訓練が、身体の基礎を作ってくれたようにも思います。

田原　私の場合は、彦根市立城東小学校に入学し、学区整理で小学三年生からは町から少し遠い佐和山小学校に通い、四年生のときに学校で軍事教練が始まりました。

いま小学校と言いましたが、正式には国民学校です。私は国民学校令が公布されたときの一期生で、入学式では校長が「諸君は大東亜建設という新しい任務を背負った輝かしい時代の戦士であります」と勇ましい挨拶をしました。

軍事教練が始まると木銃を持って行進したり、毎日クラス全員で片道二十分ほど歩いて、山に松根油を採りに行ったりするのが日課。また近所に赤紙が来て出征する兵士がいると、近所の人が集まって、日の丸の小旗を振り万歳三唱をして送り出す。しかし出征から一年くらい経つと、今度は遺骨が次々と帰ってくるようになった。遺骨といっても、箱の中に遺髪が入っているだけです。子供心に何とも言えないショックを受けていました。

広岡　私は陸軍に入った長男が二十五歳のとき南方戦線で戦死しています。優秀な兄貴で、英語が堪能。父が「捕虜として捕まったらいいな。あいつは英語ができるから、アメリカは通訳として生かしてくれるだろう」と言っていた記憶があります。しかし、残念ながら捕虜にはならず、戦死でした。

ちなみに私以外の上の兄弟はみんな頭が良く、呉二中に進みました。おふくろがたまに帰ってきた父に「今度、達朗が副級長になりました」と報告すると、「副はいかん。級長になれ。何でも一等じゃないといかん！」と叱られたものです（笑）。

田原　１９４５年８月６日、原爆が広島に落ちたのは、呉から見えましたか？

広岡　見えましたよ。空襲警報が解除になって外に出たら、広島市内の真上に不気味なキノコ雲が広がっている。「どこかの火薬庫が爆発したんじゃないか」などとみんなで言っていたら、黒い雨が降ってきた。「見たこともないような色の雨が身体に当たってるけど、どうにかなるのかな」という感じでした。

田原　じゃあ呉の広岡さんも、黒い雨を浴びたんですね。

広岡　翌年、広島商業との試合で広島市内を訪ねると、もう見渡すかぎり、ずーっと焼け野原でした。鉄筋コンクリートの残骸がぽつぽつとあって、そこに人の影が焼き付いている。そんな草木も生えないような中で試合をし、呉へ帰りました。

田原　そうでした、当時はあまりの惨状に、七十年間は植物も生えないって言われてたんでした。

広岡　いまの日本に、原子爆弾より何倍も強い核爆弾が落ちたら日本は消滅しますね。日本はアメリカに依存しっぱなしですが、アメリカが助けてくれるわけがない。私たちは原爆の現実を知っています。

田原　原爆を落とされる前、呉には空襲はなかったんですか？

広岡　ありましたよ。メチャクチャにやられました。

田原　でしょ？　広岡さんの家は焼けなかったんですか？

広岡　隣の家までは燃えました。

田原　空襲のとき、広岡さんたちはどうしていたんですか？

広岡　家に焼夷弾が落ちなかった私らは、ただ見ていただけです。多少でも余裕があった人たちは、街を二分して流れる二河川《にこう》の上流に逃げて川に浸かっていたんですが、私らにはそんな暇はなかった。ただこう、茫然と見ていただけ。

田原　あたりがどんどん燃えて、怖くなかったんですか。

広岡　怖いという観念はあまりなかったですね。平穏な日常があるから非日常が怖いんであって、非日常の中の非日常は日常。「怖い」という概念を超越してたんだと思います。

田原　私のほうでも敗戦の一年前、1944年（昭和19年）の夏頃から、横浜や大阪に住んでいた親戚たちが次々と彦根の私の生家に疎開してきました。

名古屋や四日市ではすでに空襲が始まり、その翌年ついに彦根も空襲を受けました。それがひどい話で、B29が名古屋あたりで落とし損なった爆弾を、荷物になって邪魔だからと落としていったそうです。あの戦争で、私は従兄弟を二人亡くしました。

もう一つ、私たちが子供の頃、食料がどんどんなくなりましたよね？　米の配給もストップしたでしょう？

広岡　米はないですよ。だから、大豆を潰したヤツとかを配給制度でもらっていた。

田原　配給だけど、米の配給はどんどん減ってなくなった。広岡さん、当時は何を食べていたんですか？

広岡　小イワシ。

田原　広島の名物ですね。

広岡　そうそう。お袋と市場に行って、小イワシとかそういう小魚を天秤で量って買った記憶があります。いまみたいに「食べないと身体に悪い」なんて言わなかった。いまは贅沢ですよ、本当は食べないほうが病気にならないものです。

田原　私は、小学校四、五年生のとき、お米がないから学校に弁当を持っていけなかった。

広岡　あの頃はみんなそうです。いまみたいに親がラクすることばかり考えて、何もしないってこともなかったし。

田原　当時は食べられるものは何でも食べました。疎開してきた親戚は食べられる野草と食べられない野草の区別がつかなくて、何でもかんでも焚き火で煮て食べ、ひどい下痢に見舞われていました（笑）。私はいまでも食生活が極端に質素です。きっとひもじかった子供の頃の体験が影響しているんだろうと思っています。

玉音放送の前と後で一八〇度変わった価値観

田原　1945年8月15日、敗戦の日を迎えました。海軍兵学校に行こうと思っていた十一歳の私は、お先真っ暗な気分に襲われて、泣きに泣きました。

それまで国民学校の授業で「この戦争は正しい戦争だ」「世界の侵略国であるアメリカ、イギリスを打ち破り、米英の植民地にされているアジアの国々を独立解放させるための戦争だ」と教えられ、教師たちからも「だから君らも早く大人になって戦争に参加して、天皇陛下のために名誉の戦死をしろ」と、こう言われてきましたからね。広岡さんも同じでしょう?

広岡　「絶対日本は勝つ」と思っていた。

田原　みんな、そう思っていました。でも負けてしまった。教師が、五年生の一学期と二学期では、言うことが正反対になったのもショックでした。一学期までは「この戦争は正しい戦争」、二学期になると「あの戦争は間違った戦争」。広岡さんの中学校ではどうでした?　先生の言うことは変わりましたか。

広岡　いや、変わりません。

田原　だってあの戦争を正しいと言ってたでしょう？

広岡　いや、正しいとも間違いとも言ってなかった。「日本は勝つ」と言っていただけ。

田原　でも勝たなかった。負けた。それでも教師の言うことは変わりませんでしたか？

広岡　「負けても勝つ」と言っている大人はいましたね。

呉港から休山《やすみやま》を越えたところに航空基地があって、呉海軍航空隊が駐屯していた。そこから戦闘機がビューンと上がる。米軍機がやって来たら、あれが飛んでいって撃ち落とすと思っていたら、何のことはない、一機も落とせなかった。それで今度は山づたい全部に、高射砲を設置した。呉の街は高射砲の煙で大変でした。そこを米軍機は平気でパーッと飛んでいく。敵機ながら格好良かったよ。

田原　広岡さんは、あの戦争をどういうふうに捉えていますか？

広岡　私らは、「戦争したら日本は負けない」と、そういう教育をされていた。マスコミが本当のことを書いていれば、戦争はしなくて済んだかもしれない。

田原　日本人でアメリカに勝てると思った人間はいませんよ。天皇も東條英機も。

広岡　じゃあ、どうしてそんな無謀な戦争をしたんだろう。

田原　昭和天皇が陸軍大将の杉山元《げん》と海軍大将の永野修身《おさみ》を呼んで、日米開戦の是非を問いました。杉山は答えられない。すると永野が「一年半後にはガソリンがなくなるからもう戦えません。やるなら早くやりましょう」と言って、開戦に踏み切ったんです。

広岡　ただ、あの当時は、とにかく負けないために、あれをやろうこれを我慢しようと、みんな頑張った。だから何でもできた。そう思うと悲しいですよ。

昔の日本人は――われわれ大和民族は、天皇陛下のため日本国のため、国民一丸となって耐えた。先日、江田島の海軍士官学校のドキュメンタリーをテレビで観て、泣けてしょうがなかった。いまは耐えるものがない。無責任だし、政界でも大企業でも不祥事ばかり。何のために働いているかわからない。

田原　夏休み明けの教室で、教師がこう言いました。「この戦争は日本が悪かった。天皇も首相も、この国の指導者はみんな間違えた」。価値観が一八〇度ひっくり返りましたよ。そのとき「世の中に絶対なんかあり得ない」「偉い人の言うことは信用できない」と、子供心に不信感のようなものが芽生えた。それがずっと消えずに残り、「基本的に国の言うことは信用できない」という現在の私を形作ったように思います。

日本人と天皇

田原　私は実は『日本人と天皇　昭和天皇までの二千年を追う』（2014年、中央公論新社刊）という本を出しています。面白かったのは、例えば、源頼朝が天下を取った、足利尊氏が天下を取ったと言うけれど、ヨーロッパ、アメリカ、中国で、天下を取ったと言えば自分がトップに君臨するんです。でもなぜか日本では天下を取っても、その上に天皇がいる。天皇は力も金もない存在です。何も持たない天皇を、頼朝、尊氏、信長、秀吉、徳川とみながまつり上げてきた。これはどうしてだろうと非常に興味を持ったんです。

広岡　天皇制は日本独特ですよね。私は天皇がいても全然構わないんですが、正直言うと、ちょっと乱暴だけど、皇居が都心のど真ん中のあんな広くていい場所を専有しなくても、もっと小ぶりでいいんじゃないかと思うね（笑）。

田原　一つ不思議なのは、京都御所。明治以前は天皇の住まいは京都にあったんですが、京都御所には、堀も石垣もありません。それでも、誰も天皇を殺そうとはしなかった。

面白いですね。他の国では考えられない。

広岡　いろいろ本を読んでいると、日本は日本のスタイルがあるように、アメリカには多民族国家で民主主義のスタイルがある。何を言っても一番上の人が、「俺の責任だ」と言えば収まる。

田原　だから政治になる。

広岡　アメリカはそれでいい。しかし日本の民主主義下では、誰もクビにならないのがしゃくに障る。

田原　日本の敗戦時、やっぱり天皇は退位すべきだという意見もずいぶんありました。当時のソ連（現ロシア）やオーストラリアは、天皇を裁判にかけろと言い張りましたが、マッカーサーが、天皇を中心にしないと日本国民はまとまらない、下手すると日本は共産主義になるかもしれないと危惧した。

天皇を戦争責任者として裁判にかけるかかけないかで、ずっと揉めたという事実があります。天皇制が続いたことは、広岡さんはどうお考えですか？

広岡　日本で天皇制が維持できているのは、庶民が屁理屈抜きで「天皇が一番偉い人」と思っているからでしょう。天皇は庶民の気持ちをわかってくれていると思っている。

アメリカのような多民族国家を治めるには、民主主義しかない。民主主義とは責任を取るトップがいるということ。トップがダメなら国民がクビにする。

日本は多民族国家ではないけれど、曲がりなりにも民主主義の国でしょう。それなのに、今はそれがまったく機能していない。何を言ってもいいけど、一番上の人間が責任取らないのだから、まったく話にならない。民主主義の意味がわかってない。マッカーサーは偉かったですよ。日本の天皇制を尊重し、日教組を作り、日本人をダメにする再教育に成功した。

田原　昭和天皇が、当時の総理大臣であった吉田茂にこう言ったそうなんです。「日本は民主主義の国になった。民主主義の国のトップは総理大臣でも知事でも何でも選挙で選ばれなければならない。しかし天皇は世襲である。これは矛盾しているじゃないか。いったい自分はどうすればいいんだろうか」と。

吉田は答えられなくて困ってしまった。で、当時吉田の主治医をしていた武見太郎、武見はのちに日本医師会会長を務める男ですが、こう言ったそうです。慶應義塾を作った福沢諭吉が確か近代国家と天皇についての本を書いている、福沢に詳しい教授を呼んで、相談してはどうか、と。そこで呼ばれたのが小泉信三という学者です。彼が「開かれた皇室、民主的な皇室にしよう」という方針を打ち立てた。そこで当時の皇太子の奥さんを平民から取ることにした。皇室関係者や宮家は大反対です。それでも、二人が恋愛を演出して、何となく国民の間に「あ、いいじゃない」というムードが広がった。私も1959年の美智子さまと皇太子の結婚、観に行きました。

広岡　昭和天皇には一回だけ直接会いました。上野のどこかだったんですが、どこに誰が座っているのか全部事前に知らされているんだね。それで、「誰々君だね」ってやるんですよ。私の兄貴は「天皇陛下バンザイ」と言って死んだのに……と、当時は複雑な思いでした。

田原　そのときは、広岡さんはジャイアンツの選手ですか？

広岡　そうです。プロ野球の天覧試合でも六大学の天覧試合でもプレーしたことがあります。天皇は絶対的なものだ、いいとか悪いとか抜きにして、日本の象徴だ、という印象を持っていました。私なんか純粋なほうですよ。

田原　もう一つ、こだわって申し訳ないんですが、戦争中は、「日本は必ず勝つ。正しい戦争だ」と言った連中が、戦争に負けて終わったら、「あの戦争は間違いだった」と平気で言う。どう思われますか？

広岡　日本人はそういう民族なんですよ。

田原　そういう政治家たちをどう思いますか？

広岡　だから、私が上の人間だったら全員クビにしてるでしょう。でも、永久にクビにすると可哀想。「なぜ俺はクビになったか」を反省して勉強すればまた雇ってやります。そうすれば何ということもないんですが、それを「ああやったら、嫌われるかな」など と、自分の損得で上の者への忖度をするから、日本人はダメなんです。責任管理能力がまったくない。

田原　誰も責任を取る者がいない。そういう意味でも、ちょっと難しいことを言うと、日本は戦争の総括をやってないんですよ。

野球と出合う

田原　しかし広岡さんは、大人も子供も混乱しているような敗戦後すぐに、中学生でもう野球という確固たるものに出合っている。これはすごいことですね。

広岡　当時はテニスやバレーボールが「ジェントルマンのスポーツ」とされ、野球は格下扱い。ところが戦死した一番上の兄貴がグローブとキャッチャーミットを持っていて、それで私が父とキャッチボールをしているところを、たまたま先輩たちに見られてしまった。物がまったくない時代なので、その道具目当てに野球部に引っ張られたんです。

田原　ああ、道具持ちということで。

広岡　革製のグラブを持っている人は少なくて、布製の代用品。スパイクもサイズが揃っていない。「靴に足を合わせろ」と言われて、足の指が曲がってしまったくらいです。

呉一中は敗戦から三年後の１９４８年（昭和23年）、学制改革で新制の呉竹高校となりました。しかし野球部は弱くて、同年は広島県予選の第一回戦で呉市工業に完封負けです。強くなったのは翌年から。学校統合で呉三津田高校になってからです。

田原　甲子園には出たんですか？

広岡　それが、出られなかった。決勝で、山口県の代表校に負けてしまったんです。

田原　でも、決勝までは行ったんだ。

広岡　高校三年のときに、上川さんという専修大学の学生だった若いコーチに強烈なノックでしごかれるという指導を受けた。それまでは父兄に教わっていたんです。

上川コーチのおかげでめきめきと強くなった呉三津田高校は、広島県代表の4強に入って、西中国大会に臨んだ。その大会でも岩国西や尾道西（現尾道商業）を連破し、甲子園出場まであと一勝。決勝戦の相手は山口県の柳井高校です。

最初1―0で先行していたんですが、三塁を守っていた私が一塁に悪送球。二点を入れられ、その後また私が三塁ゴロを悪送球。

試合の最中に、好投手と言われていた筏《いかだ》ピッチャーが泣き出したのには参りました。「おまえ、何で泣くんだよ。まだ試合中だろ」と言うと、「おまえの暴投でもう負ける」と涙ぐむ。結局1―6で破れ、甲子園の夢は消えました。しかし強い呉三津田高校の素地ができた。1951年（昭和26年）の春の選抜に母校が出場したのは、羨ましいと同時に、非常に誇らしくもある出来事でした。

早大野球部合格後、大学受験

田原　呉三津田高校から早稲田大学へ進学を決めたのはどういう経緯ですか。

広岡　最初は近場の広島大学か山口大学に進学しようと考えてたんです。そうしたら山口県の柳井中学から早大に進み、プロ野球の黒鷲軍（戦時中、英語が使えないことから付けられた後楽園イーグルスの和名）の監督も務めた日系二世の杉田屋守（１９０８〜１９７２年）さんが、当時の早大野球部の森茂雄監督に私を推薦してくれた。

早大野球部が秋季キャンプをしていた宮崎を訪ね、テストを受けて合格しました。それで早稲田を受験するようにと言われたんです。夜間は全部受かったんですが、昼間部で唯一合格したのが教育学部。昼間部が良かったので、教育学部に入学を決めたという経緯です。早稲田の制服と角帽を身に着けたときの誇らしい気持ちは、いまでも忘れません。

田原さんはどうして早稲田に？

田原　まず、私たちの学年から中学校が新制になりました。入学したものの、校舎はない、教科書はない、教師もいないという状態での新学期スタート。

小学校のとき野球を始めて面白かったので、中学では野球部に入りました。一応レギュラーで、ポジションはキャッチャーからサードにコンバートされた。野球部には彦根東高校の一年生のときまで所属しました。打つほうはまあまあでも、足が遅く肩が弱いので、自分でも「野球はダメだな」と感じてましたね。勉強はわりとできるほうで、この頃から小説を書きはじめました。

広岡　野球部を辞めてからは、文学青年一筋ですか。

田原　いや、小説にはますます熱中しましたが、その一方で、家計を支えるため英語の書類書きや家庭教師などのアルバイトに精を出していました。受験勉強を始めたのは高校二年からです。最初から早稲田大学の文学部志望でした。作家になろうと決めていたからです。経済的に厳しかったので夜間の第二文学部を受験し、昼間は交通公社（現ＪＴＢ）で働きながら、大学に通いました。

広岡　どうして小説家にならなかったんですか？

田原　早稲田で同人誌に加わり、文学賞に応募し、賞を獲って作家デビュー、大学は中退。と、まあ、そんな目論みではあったんです（笑）。しかし当時、文學界新人賞を獲った石原慎太郎の『太陽の季節』（1955年発表、翌56年に芥川賞も受賞）や、大江健三郎の『死者の奢り』（1957年）を読んで、「ダメだ。まったく敵《かな》わない」と作家になる夢を断念しました。そして「ジャーナリストになろう」と方向転換し、また受験勉強をして昼間部の第一文学部国文科に再入学。

卒業後はカメラマン助手として岩波映画製作所に入り、四年後に開局したばかりのテレビ東京に転職、ドキュメンタリー番組を作るうちに会社と対立してフリーにならざるを得ず、本を書くようになって現在に至る、というわけです。

野球に生きる

田原　広岡さんが、自分の人生を野球に懸けようという気持ちを固めたのはいつ頃ですか？

広岡　野球で生きていこうと思ったのは、大学時代ですね。当時はプロ野球はボンクラばかりで、社会人野球のほうが上という時代でした。

田原　へえ、そんな風潮があったんですか。

広岡　大学生がプロ野球に入って良くしないとダメだと言うので、蔭山和夫さんが南海に入った。それから私や沼澤康一郎、小森光生、四年後に長嶋茂雄など六大学の選手が続々と入団し、プロ野球界のイメージも浄化され、ファン層も変わっていったんです。

田原　広岡さんは、なぜジャイアンツに入ったんですか？

広岡　やっぱり強いからですよ。そして立派な考え方を持っていたから。巨人がプレーするのに一番相応しい場だと自分で判断した。

当時の巨人軍には影響力がありました。正しいことを日本球界に植えつけ、変革し、

「野球人ここにあり！」と言いたい。いま思えば、そういう偉そうなことを考えていたんです（笑）。

田原　ジャイアンツから引っ張られたんですか？

広岡　それが「何で、俺のところに来ないのかな」っていうくらい、ずっと来なかった（笑）。

田原　だって広岡さんは早稲田の名ショートですよ。私は何度も早慶戦を観にいっているんです。六大学のスタープレーヤーだったじゃないですか。

広岡　いまのロッテの前身、毎日オリオンズが神楽坂の一流料亭にもうけた席に呼ばれ、「小森と広岡の三遊間でお客さんを喜ばせたいから、君、うちに来ないか？」と誘われました。小森は成城に１００坪の土地をもらったと聞きましたが、私は「行きません、巨人に行きます」と言いました。

その後、阪神や南海からも声がかかったけれど、私は巨人しか念頭にない。そうしたらギリギリになって、ようやく当時の球団代表の宇野庄治さんから学生寮に電話がありました。有楽町にあった読売新聞の社屋に呼ばれ、「腹が減ってるだろう。ラーメンでもカレーでも、何でも好きなものを食え」と、インクの匂いがプンプンする社員食堂でごちそうになりました。

田原　料亭とはずいぶんな違いだ（笑）。

広岡　内心の喜びを押し隠し、「せっかくのお話ですが、ちょっとお時間をいただきたい」ともったいぶった返事をして。

田原　すぐにはＯＫしなかった。

広岡　そう。それで父親に「やっと巨人から来た」と報告をし、先方の気が変わると困るので（笑）、翌日すぐに「お願いします」と電話を入れた。父親の話では、西鉄ライオンズ（現埼玉西武ライオンズ）の三原さんからも誘いの話が来ていたようです。

巨人に入団したときの契約金は確か二百五十万円、全額父親に渡しました。年俸は百二十万円でした。

田原　広岡さんの時代の新人獲得は、ドラフトじゃないんですね。

広岡　ドラフト制度って、田原さん、おかしいと思いませんか。当時はまだ、私のように「強くて正しい野球をやるチームで野球をしたい」という自分の意志を押し通すことができた。

選手にも自分の意志がある。でも、現在の制度では、それが尊重されないんですよ。

岩波映画から東京12チャンネルへ、そして独立

広岡　田原さんは大学卒業後はどうされたんですか？

田原　ジャーナリストに方向転換してましたから、朝日新聞、ＮＨＫ、ＴＢＳ、北海道放送とかラジオ日本とかの入社試験を受けましたが、全部落ちました。全部落ちて、岩波映画製作所に入りました。二人だけ入ったんですが、もう一人が劇作家の清水邦男です。彼は当時からもう有名人でした。

そこでいまのテレビ朝日、当時は日本教育テレビ（ＮＥＴ）の女性ディレクターから、幼稚園児向け番組の構成を頼まれた。思いつきで「こんなのどうですか」と提案したら、「それで行きましょう！」となり、「原稿はいつ書けばいいですか？」と聞いたら「今晩中に書いてください」と。「えっ？」です。

岩波映画では企画が何カ月もなかなか通らなかった。それがその場で「これで行きましょう。今晩原稿を書いてください」ですから。おまけに「いつ本番ですか」と聞いたら、「明後日です」と。こんないい加減な世界があっていいのかと驚くと同時に、その

いい加減さに惚れて「テレビなら好きなことができるな」と思うようになったんです。ちょうどその頃、東京12チャンネルが開局することになり、好きなことができるテレビ局で仕事がしてみたいと思い、転職しました。

広岡　岩波映画から東京12チャンネルというのが、ずいぶん毛色が違って面白い（笑）。

田原　そうなんです。当時東京12チャンネルは「テレビ番外地」と呼ばれて、誰にも相手にされなかった。それに制作費が、日本テレビやＴＢＳやＮＨＫなどに比べて格段に安かった。大手を相手にどうやって勝負すればいいか。それには日本テレビやＴＢＳやＮＨＫが作れない番組を作るしかない。でも、知能指数も学力も向こうが高い。そこで勝負するには、やはり警察につかまりそうな番組しかないだろうと、ヤバい番組ばっかり作ったんです（笑）。

広岡　そりゃいいや。田原さんらしい。

田原　編成に企画書を出しても、スポンサーを獲得する能力がないから通らない。好きな番組を作るためには自分でスポンサーを見つけてくるしかない。だからぼくはテレ東で自分で新日鉄や東京ガスなどのスポンサーを探してきました。だからヤバい番組ができたんです。

自分でスポンサーさえ見つけてくれば、編成はどんな番組であれ、ＯＫするしかない。でも他局ができない番組にはスポンサーも慎重になります。そこで、オンエアの二日前にスポンサー試写をやり、新聞や雑誌のテレビ評論家にも試写状を送って観てもらい、事前に記事を書いてもらうなどして下地を作りました。

朝日新聞、毎日新聞、読売新聞などに、著名な評論家が書く番組の推薦文が載ると、スポンサーも安心できます。それからオンエアすると絶対に評判がいいし、視聴率も高い、結果的にスポンサーも喜ぶんです。

『朝まで生テレビ！』は危険な番組だけど、三十一年も続いているのは、良質なテレビ番組としての基準をクリアしているからだと思います。

広岡　テレビ局のサラリーマンとして面白い仕事ができていたのに、どうしてフリーになったんですか。

田原　原発問題を追いかけたことで、会社と対立してフリーにならざるを得なかったんです。１９７７年に退職しました。

私は本当にラッキーでした。いわば勝ち抜き戦だったと思う。殺される可能性もいっぱいありました。右翼から「こうしろ」という脅迫電話もたくさんかかってきた。現に自宅に街宣車が毎日十台以上押し掛けてきたこともありましたから。

広岡　良かったよ。分野は違えど、ほぼ同世代の人間がお互いこういう年齢になって、これまで積み重ねてきた時間の話ができるんだから。

第二章

巨人軍入団から退団まで

新人王を獲得、しかしプレーが怖くなった二年目

田原　強いチームが巨人しかなかった時代。広岡さんが入団した頃は、巨人の正遊撃手は誰だったんですか？

広岡　平井三郎さんです。平井さんには大変お世話になりました。
　平井先輩にバッティングの指導を請うたんです。平井さんから「投手が球を投げたら自分のもの。ピッチャーがボールを持っている間に打ちにいくな！」というアドバイスをもらい、そのおかげで入団一年目に打率3割1分4厘、15ホームラン、67打点で新人王を獲ることができた。

田原　1954年の広岡さんの新人時代、いまも語り草になっている試合がありますね。ショートゴロを捕った広岡さんがファーストの川上哲治さんに送球したら捕れなかった。一塁セーフ。その後のバッターがセ・リーグ第一号となるサヨナラ逆転満塁ホームランを打ち、負けてしまった。

広岡　洋松ロビンスとの試合ですね。巨人が断然勝っていた試合だったんですよ。最終

回の9回裏2アウトで、私が遊ゴロをファーストへ〝暴投〟。ランナー一、二塁になって、再び来たショートゴロの送球は、川上さんのグラブのはるか上に。動揺したピッチャーが四球を出して満塁。笠原正行という若い投手がリリーフに出ると、その年ホームラン王になった青田昇さんがサヨナラ満塁ホームランを打った。

巨人の選手はみんなシラけて一斉に引き上げる。私一人ベンチにいて取材を受けていると、記者が「広岡さんの送球は捕れるボールでしたね」と言うので、つい勢いで「あれくらいの球を捕れないファーストがいたら、野球なんかできるかっ」と言ってしまった。川上さんのストライクゾーンにきっちり投げられなかった自分の未熟さを転嫁してしまった。いま思えば自分が蒔いた種なんですが、それ以来、川上さんからのいじめが本格化したんです（笑）。

一塁の川上さんは年齢から来る衰えもあって、とにかく捕りやすい球しか捕ってくれない。私は守備範囲を広くし、「素速く正確に」という守りの技術を追求したけれど、川上さんや別所さんからも「下手くそ！」と怒鳴られる毎日。私はこの年、セカンド、サード、ショートを守って29失策を記録し、だんだん守るのが怖くなってきました。その一方で、ベテラン選手たちはニコニコ楽しそうにプレーしている。私にはとてもそんな余裕がない。

一年目に新人王をもらったけれども、二年目にはプレーすること自体が怖くなり、息が詰まってきた。これはえらい世界に来てしまった、こんなに緊張したままやっていたら、俺の選手生命は二、三年しか保たないと思った。プロの本当の厳しさを思い知らされたんです。

田原 どうしようと思いましたか。

広岡 ラクなほうへ逃げたんです。いま考えたら、当時の自分は正しかった。しかし、それを言ってくれる先輩がいなかった。

田原 ラクなほうに逃げるとは、どういうことですか。

広岡 もっとラクに打ちたいと思ったんですよ。いま考えれば、真剣に打つ。それだけで良かったのに。

中村天風先生の導き

田原　入団二年目にしてプロの厳しさに直面し、広岡さんは具体的にはどうなさったんですか。

広岡　当時、日本人としてただ一人のヨガ直伝者で、心身統一法を編み出した、中村天風の話を聞けと知人に勧められたんです。実際に話を聞いたんだけど、私は疑り深い性格なので、話を信じられるようになるまで三回通いました。その後に師事した心身統一合氣道の藤平光一先生のときも「本当かいな」と疑って、やはり三回通い詰めました。

田原　まず、中村天風さんのことから訊きましょう。天風さんの話を聞いて、どこで「これだ！」と思ったんですか。

広岡　やはり「怒らず、恐れず、悲しまず」、健全な精神が健全な肉体を作るという基本でしょうか。その反対のことをやっていると宇宙の氣を吸収できない。そういう教えです。天風先生の教えは、非常に幅広いものでした。面白いのは、先生が日本刀でスッと腕を切るんですよ。それでも血が出ない。私たちが試してみても切れませんでした。

田原　どうして出ないんですか。

広岡　「切れる」と思ったら、怖くて刃がぶれるから切れてしまう。考え方一つで人間は変わる、という教えです。マイナスの想念を考えるなということです。「打てないかもしれない」とか、「こいつは上手なピッチャーだ」などといった不安や恐れ、心配などで心の倉庫をいっぱいにしている人は大掃除をする必要がある。思ったり考えたりすること、使う言葉や態度を明るく前向きに、真に価値あるものに入れ替えるべきであるという教えです。天風理論では「観念要素の更改」と呼ばれています。

田原　中村天風という人は、頭山満《とうやま》の玄洋社で活躍した人で、いわゆる宗教家や教祖ではありませんね。宇宙と自己のつながりを探求して、人間の潜在能力を掘り起こす「ニューエイジ」のはしりと位置づける人もいます。

広岡　中村天風先生は若い頃、帝国陸軍の軍事探偵で〝人斬り天風〟と呼ばれていたそうです。しかし三十歳で重い肺結核にかかり、当時の権威だった北里柴三郎先生に「三十五歳までに死ぬ」と宣告される。密航してアメリカやヨーロッパに渡り、医学や哲学を学んで名医を訪ね歩くものの、誰も治せない。三十五歳になり、「富士山を見て死のう」と思い立ち、帰国途上のエジプトで、ヨガの聖者・カリアッパ師と出会った。

田原　ああ、それでヨガだったんですか。

広岡　カリアッパ師が「自分についてきたら助けてやる」と言って、ヒマラヤで二番目の高峰カンチェンジュンガ山の麓に連れてゆき、二年七カ月の間、毎日座禅を組ませ、人間とは何か、生きるとは何か、地の声とは天の声とは何か、について教えを授けた。その修行を通じて天風先生の肺結核は治り、悟りを得るに至ったと聞いています。

田原　話がちょっとずれますが、私は新興宗教のトップや教祖に何人も会っています。創価学会の池田大作、幸福の科学の大川隆法、オウム真理教の麻原彰晃にも会いました。どの人物も、それなりに興味深い。

広岡　田原さん、宗教というのは、なぜスポーツの団体にくっつくんですか？

田原　確かに、宗教に入信しているスポーツ選手も結構いますね。

広岡　自分自身だけを頼りにしなければならないスポーツ選手が宗教に頼るとは、何と情けない。しかも大金を寄付してまで。

いまのプロ野球でも、宗教団体が関与して、コーチも監督も、経験したことのないヤツが就任した例があります。それで優秀な若い選手をアメリカに売るんですよ。球団、ひいては宗教団体に金が入るから。

合氣道の藤平光一先生の教え

田原 心身統一合氣道の藤平さんに最初にお会いになったときはどんな印象だったのですか。

広岡 初めて道場を見学に行ったときは、八百長をやってるんじゃないかと疑いました。「こんなことできるはずない」と思いましたよ。

田原 どんなことをやってたんですか。

広岡 筋肉隆々の大男が、藤平先生にかかるとヒョイと転がされる。相手の身体にさわらないで投げることもありました。

田原 全然さわらないで投げるなんてことが可能なんですか⁉

広岡 できます。ちゃんと原理・原則があって、あれは「氣」を導いているんです。

田原 そこが私などにはさっぱりわからない。

広岡 相手がかかってくるとき「氣」が動く。その行き先を導いているのですよ。

田原 最初は、信じられなかったでしょう。

広岡　三日くらい通ってじっと見ているうちに、だんだんわかるようになりました。三日目に「やはりこれは本物だ！」と確信して、藤平先生に師事したんです。内弟子たちにも厳しい指導を受け、現役時代はシーズン中もオフも休むことなく、一年中稽古に通うようになりました。

田原　どうやれば、氣が出るんですか？

広岡　野球選手に教えるときは、こういう指導をしています。「歩いて、あそこまで行け」とまず言う。本気で「行こう」と思うとき、氣はもう出ている。しかし行けと言われた人が「あそこに行くの？」と思っているときは、氣が出ていない。

氣が出てない人が歩いてきて横を通り過ぎるときに、手を出して歩行を妨げると、簡単に止められてしまう。氣が出ているヤツに同じことをしても全然止められない。やる氣を出して取り組めばいいんだけど、嫌々やる子もいます。そういう子は氣が出ないんですね。

田原　広岡さん、要するに「氣」って何ですか？

広岡　「氣」は誰もが持っているものです。人間が生きる力そのもの、生命力と言い換えてもいいでしょう。田原さん、人間である私たちも大自然の一部であることは間違いないですよね。

田原　はい。そうですね。

広岡　ですから、自然と私たちが「氣」でつながっている、「氣が通っている」状態が、本来人間のあるべき姿なのです。逆に何かの要因で、自然とのつながりが失われてしまうと、氣は通わなくなってしまいます。すなわち「氣が滞った」状態になるのです。

心身統一合氣道の創見者、藤平光一先生は、氣の性質について「海の中で水を手で囲うようなもの」と説明していました。

田原　海の中で水を手で囲う？

広岡　海中で手の内側にある水は「自分の水」と言えるかもしれませんが、実際には大海の水のごく一部を、自分の手で囲っているだけです。もし、「これは自分の水だ」と手の内と外で水の行き来を完全に遮断してしまったら、手の中の水はだんだん淀んでいくでしょう。

「氣」もこれと同じで、私たち人間は、大自然の氣を「自分」という存在で囲っているに過ぎません。氣が通っている状態が「元氣」であり、滞っている状態が「病氣」です。そして、寿命を迎えて「自分」という囲いがなくなり大自然の氣に還っていく。これが

「死」なのです。

田原　なるほど。

広岡　藤平先生には、正月の禊《みそぎ》として真冬の鬼怒川に入る「洗心の行」でも、多くのことを教えていただきました。真冬の早朝、水温がマイナス十度くらいの川に入るんですから、寒いことこの上ない。しかし腹を決めて、心を臍下の一点に静め、「エイっ！」と全身を浸けると克服できました。人間の持つ力はすごい、しかしラクをすればどんどん弱くなることを自らの身体で体感したのです。

私は二十代の頃から、毎朝冷水をかぶる習慣を八十六歳になった現在でも続けています。これは交感神経と副交感神経の切り替えをするためです。朝から交感神経のスイッチをしっかり入れて、一日を体調良く過ごすためのルーティーンなのです。

田原　いま、アメリカで座禅がものすごいブームなんですよ。合気道も流行っているようです。やはり人間というのは、理性だけでは生きられないものなんですかね。広岡さんは才能もあるし力もあるのに。何を求めていたんですか？

広岡　いや、才能も何もないですよ。そもそも才能だけでやっていたら、プロでは通用しません。もう絶対的に間違いがないというレベルを目指さなくてはなりません。次元が違うんですよ、中村天風先生と藤平光一先生は。一緒に勉強をしていて「絶対に間違いがない」という安心感がありました。

田原　間違いない、というのはどういうことですか？

広岡　「心が身体を動かす」ということです。

田原　広岡さんは名ショートだったじゃないですか。

広岡　いやいや、川上さんや別所さんに「下手くそ！」と言われたんですよ。別所さんは「あんなヤツを使ったら、俺、勝利投手になれないじゃないか」と平気で監督に言う。いまだったら〝いじめ〟ですよ。

しかし、その一方で、私と正遊撃手のポジション争いをしていた平井三郎さんはこう言ってくれた。「ヒロ、あの上に行け。上に行けば文句言うヤツはいなくなる」と。

それで、天風先生のところへ行き、藤平先生の道場へ行き、羽賀準一先生に居合いを教わったりして研鑽を積んだんです。下手でも練習さえすれば、上手くなる（笑）。

田原　居合いをやると、どうなりますか？

広岡　居合いは切ってはダメなんです。腕を返すと刀がきゅーっと曲がる。でも、荒川（博）さんとか田尾（安志）とか、得津（高宏）たちは何回教えても曲がってしまっていました。

荒川さんは自分ではできないのに、中学生たちに教えるんだから大したものです(笑)。やはり荒川コーチについて居合いを習った王貞治が「一本足とは何か」がわかる頃には、藁《わら》束を真ん中でしばって水に一晩浸けたものを立てて、日本刀でぱーっと斬る練習もしていました。

反動をつけなければ切れるんですよ。さらに、ふわっと吊るした新聞紙を切る稽古もしていました。剣がまっすぐ出ていれば切れるんですが、手でこねくり回すと、刃がまっすぐ当たらないので切れない。それが野球のバッティングと共通しているんです。

荒川博コーチに委ねられた王貞治の育成

田原　高校生ルーキーの王さんは広岡さん入団の五年後、１９５９年の入団でしたね。

広岡　王貞治は、どちらかというと不器用でしたよ。最初はトスバッティングでよく空振りしてましたから。でもだんだんと上手になっていった。

それでも二本足ではバランスがとれなくて、上手くいかない。川上さんは人に教えるのが全然ダメなので、荒川さんが指導することになったんです。

田原　荒川さんが一本足にしろと言ったんですか？

広岡　最初に荒川さんが植芝先生から合氣道を教わって、合氣道は野球に応用できると考えたんです。私も道場に行ってみましたが、植芝先生は宗教的なお話ばかりで、こっちはさっぱりわからない（笑）。

その点、藤平光一先生は「心が身体を動かす」ということを理論立てて、誰にでもわかるように教えてくれたので、野球には活用できると思いました。もともと荒川さんを巨人のコーチとして採用するように薦めたのは私なんですよ。

田原　早大の一年先輩だった荒川さんを川上監督に推薦したんですね。当時、広岡さんは巨人の選手兼コーチでいらした。

広岡　そうです。荒川さんは、1961年のシーズン終了後に採用になりました。そして、川上さんが「王をこういう選手にしてくれ」と荒川さんに課題を与えたんです。

田原　どういう課題ですか。

広岡　打率は3割、ホームランは何本という課題です。でも王は、全然できない。そこで、荒川さんが王を藤平光一先生のところへ連れていったら、先生が「一本足で中心を真ん中に保てないなら一本足にしてはどうか」とアドバイスしてくれた。

田原　王さんが一本足打法で、打てるようになるまでにどれくらいかかったんですか。

広岡　あまりかかっていません。川崎球場で荒川さんから、「おいヒロ。王が今日から一本足でやるから、見ていてくれ」と言われて見ていたら、最初からヒット、次にはホームラン。それ以来、ずっと一本足になりました。

天風先生も藤平先生もお二人とも、野球のことは知らないんですが、「球は来るんだろう？　じゃあそれを打てばいいじゃないか」とまったく同じことを言われましたね。あれこれ考えても仕方がない。「俺は来た球を打つ」と割り切って考えなさい、と。

「氣」を読む

田原　結局、氣を読むってどういうことなんでしょうね。

広岡　例えば、横綱の白鵬が相手に張り手をやりますよね。白鵬は立ち合いでひじ鉄も食らわせることがあるそうで、まともに当たった相手は脳震とうを起こし、前後不覚になってしまうと聞きました。それはともかく、張り手というのは対戦相手が「張り手が来る」と思って、手や腕を見るから食らうんですよ。

田原　攻撃してくるその手を見てはいけない？

広岡　うん、やられる前に、氣を読んでバッとかわせばいいんです。

車のワイパーと一緒だと、藤平先生に教わりました。私が「ゲッツー（ダブルプレー）を狙うときにランナーが視界の邪魔なんです」と相談したら、「車を運転する人はワイパーが邪魔になるか」と言われた。張り手もそれと同じですよ。ワイパー自体を見てしまうと、「おっ」と思って反応が遅れてしまう。ですから考え方一つで、どうにでも変わるんです。

田原　わかりやすい例えですね。

広岡　「臍下の一点に心を静める」これが藤平先生の心身統一合氣道の教えです。王も長嶋もみんな習いました。臍から下のほうに向けて指で触れていくと下腹に力の入らない場所があります。そこが臍下の一点で、ここに心を静めると、身体の中心も定まります。田原さん、ちょっとやってみてください。

田原　なるほど。臍からだいぶ下ですね。

広岡　かなり下でしょう。「重みを下におく」と盤石な姿勢ができるんです。それとは逆に、何かでカッとなったりして、意識が頭のほうに上がってはダメです。田原さん、怒ることを「頭に来る」、緊張することを「上がる」と言いますよね。

田原　ああ、その通りですね。

広岡　心身統一合氣道では「自然な姿勢には自然な安定がある」と教えます。身体の中心が定まっているので、その状態でバットを振ると、身体が動揺せず安定したスイングができるんです。そのときバットのグリップはふわっと持つことが重要。ギュっと握ると力が入るので、臍下の一点ではなくなってしまいますし、両手で氣を止めてしまいます。打者がバットを持っているときには、バットの先端まで氣が通っているのが本来の姿です。道具にも氣が通っていると、身体の一部のようになって自然に動かせるのです。

田原　藤平さんはボールの握り方も教えてくれましたか?

広岡　ボールもギュッと握ると、脇にいる人からヒョコっと取られる。氣を入れて持てば、フワッと持っても取られません。

田原　そこがわからない。どうすると氣を入れてボールを持てるんですか?

広岡　まず、リラックスして持つこと。普通、物を持とうと思うだけで力を入れてしまったり、ましてや誰かがそれを取ろうとするので、ギュッと握るのですが、力を入れると、どこかに隙ができてしまうので取られてしまうんです。

田原　いまそういう、バットやボールの持ち方なんて、誰かプロ野球の選手に教えてるんですかね。

広岡　こういう基本を教える人間はほとんどいないでしょうね。

正しいリラックス状態とは

田原　「臍下の一点に心を静める」と、どういう状態になるんですか？

広岡　臍下の一点に心を静めて、氣が通った状態のときは、見えている範囲が広い。そして相手が何を考えているかが読める。周囲のことも全身で捉えることができ、良く感じられる。逆に「打つぞ！」と心が逸《はや》っていると打てません。

田原　力んでいては打てない、と。

広岡　私は、心身統一合氣道で「集中」と「執着」の違いについても教えられました。氣が通っているとき、私たちは心を自由自在に使うことができる、つまり、使うべき対象に心をしっかりと向けられる。これが「集中」した状態です。一方で、「打とう！」などと、心が対象物にとらわれて氣が滞ってしまい、心が自由に使えない状態、これを「執着」と言います。集中と執着は、まったく似て非なるものです。

田原　集中と執着は違う……。私たちの仕事にも当てはまるような気がします。取材対象には執着するのではなく、集中しなければならないのですから。

それは、集中しているけれども、リラックスしている状態なんでしょうか。

広岡　そう。藤平光一先生はよく湖面の水に例えていました。湖の水が波立っていると湖面には何も映らないですよね。でもシーンと静まっていると、雁が飛べば雁が映るし、月が出れば月が映る。そのように静まった状態と、心を静めるというのは同じであると。

また身体面から言えば、正しい「リラックス」とは、身体の余分な力をすべて抜くことで、全身を一つに用いて強くなった状態です。必要な力まで抜けてしまって弱くなった状態の「虚脱状態」と混同されやすいのですが、100%違うものです。

田原　リラックスと虚脱は違う。なるほど。いまのお話で、私自身は常にリラックス状態にあるということがわかりました（笑）。テレビ番組に出演していても、いまこうして広岡さんとお話ししていても、あるいは地位のある人と食事をしているときでも、私は緊張するということがない。生番組の『朝まで生テレビ！』でも、まったく緊張しません。

広岡　リラックスしていないと真剣勝負はできない。田原さんは常にリラックスしているから、テレビでもゲストの話に即座に反応して、鋭い質問をすることができるんじゃないですか。

藤平光一先生は「心身統一の四大原則」を次のようにまとめています。

一、臍下の一点に心を静め統一する
二、全身の力を完全に抜く
三、身体のすべての部分の重みを、その最下部におく
四、「氣」を出す

これらの四つの原則は、「心身統一」という山の頂上に至るための異なる四本の道であり、いずれの道を通っても良い、各人にとって会得しやすい道を進むようにと教えられました。

妻の介護体験について

広岡 私の女房は自宅でリハビリ中です。長いこと入院していたので、その間は私が食事や洗濯など家事のすべてを担当して、いまは彼女の世話もしています。

やはり天風先生の教えで、「どうせやるなら、楽しくやろう」という発想でやっていますが、料理も洗濯も楽しい。自分の身体にもいいし喜ばれるし、いいことずくめです。

田原 私も、二度目の結婚をした妻が悪性の乳がんに罹《かか》りました。彼女が五年十カ月の闘病中、入院していた間はほとんど毎日病院に通って見舞いましたし、病状が悪化して自宅に戻ってからは、車椅子を押したり、着替えを手伝ったりして身のまわりの世話をしました。二人で裸になって妻をお風呂に入れるのは、何だか若い頃に戻ったようで、「こんなに楽しいことが老後にあるとはね」と二人で笑いあったものです。

残念ながら妻は2004年の夏、私が北朝鮮に取材に行っている間に亡くなりましたが、私は「介護は楽しい」といまでも事あるごとに言っています。

広岡 寝ていて朝、目が覚めるのが当たり前のように思いがちですが、もし朝に目が覚めなかったら、それは死んでいるということ。人は生まれたら、必ず死ぬ。ならば正しい生活を送って天命を生きるべきです。そういうことが若い時分にはわかっていなかった。朝、目が覚めるということは、まだ生きる権利があるということです。だったら、そのことに感謝の念を持って、毎日楽しく過ごす努力をしたほうがいいですよ。

田原　広岡さんは中村天風さんと出会って、「迷うな、恐れるな」と教えられた。でも人間って、やはり死ぬまで恐れ、迷うものではないですか。

広岡　昔講演で聴いた天風先生の話の、本当の意味が理解できてきたのはごく最近です。

田原　中村天風さんの言うことをわかるまでに、どのくらいかかりました?

広岡　きっと死ぬまでかかるでしょう。いまでも毎晩著作を読んでいます。人間は天が、すなわち宇宙が形となって現れたものですから、その心は常に清く、明るく、美しくあらねばならない。なのに、人間の心にはさまざまな汚れが付着してしまう。汚れのもとになるのが、迷いや恐れ、怒りです。

「今日一日、怒らず、恐れず、悲しまず、正直、親切、愉快に生きよ」という天風師が説いた心構えで日々を送れば、正真正銘の清らかな心の世界を保つことができ、運命も好転していくものだと私は考えています。

チームワークとポジション争い

田原　プロ野球に関して、もう一つ基本的なことを聞きたい。例えばジャイアンツでもサードやセカンド、一つのポジションに五、六人の選手がいますね。五、六人の選手が必死になってポジション争いをする。それはチーム内での戦い、真剣勝負です。ポジション争いに負ければ、やっぱりライバルを憎んだりすると思う。そういうポジション争いとチームワークって、どういう関係になるんですか？

広岡　チームスポーツは要は、勝てばいいんですよ。勝つために自分のやるべきことをやる。昔の巨人は勝つために選手が集まった集団でした。勝つことには貪欲でした。

田原　だけど、そのプロ野球の選手たち全員が、自分のことしか考えないで、チームワークは成り立つんですか。

広岡　本当のプロは他のことを考えちゃダメ。いまのプロ野球選手たちは、チームメイトが打席に向かうときに、「ガンバレー！」とやる。不思議でしょうがない。昔はそんなことはやりませんでした。例えば、青田昇さんがホームランを打って勝つと「あの野郎、打ちやがった、こんちくしょう」と、赤バットの川上さんはご機嫌悪かった（笑）。

田原　そういうライバル関係。

広岡　「俺で勝たなくちゃ」という、それぐらいのプライドを持っていたからでしょう。他の選手が故障すると、「俺がどうにかするから休め」と言いました。

私は選手兼コーチ時代も、後輩に「俺を抜け！　そのためにはこうやらなきゃダメだ」と本当のことを教えましたよ。あの当時は選手たちの部屋に行ったら麻雀や花札をしていました。「お前、そんなことで俺を抜けるのか」と言うと、みんなして「こんな面白いものを知らないからそんなことを言うんだ」と言う。煙草もそう。「煙草なんて吸ってて、レギュラーになれるか！」と言うと、「煙草の味を知らないからだ」と。アタマに来たから、私は麻雀や花札も覚え、みんなの前で煙草を吸うこともやってみせました。

田原　みんな広岡さんのようにライバルの選手にも教えていたんですか。

広岡　私は本当のことを教えたけれど、例えばキャッチャーの森祇晶は、慶應の大橋、平安の野口、それから立教の槌田と、せっかく巨人が獲った優秀なキャッチャーたちなのに、自分のポジションを守るために嘘ばっかり教えていた（笑）。

田原　嘘ってどういうことですか。

広岡　大橋らに「こうやって捕ったらいい」とわざわざ嘘を教えるんです。大橋が、現役引退後のOB会でそう話していました。それくらいレギュラーの座を死守するために昔のプロ野球選手は必死だった、死に物狂いだったということです。

田原　では、広岡さんがショートというポジションを守るためにやったことは？

広岡　守備では現役時代の最初の四年間、悩み続けました。ところが1958年大リーグの名門カージナルスを招いて開かれた日米野球で、のちに南海に入ったドン・ブレイザー二塁手の堅実なプレーを見て、あんなにも大事に物事を行わなくてはならないのだと気づかされたんです。ブレイザーはピッチャーが投球モーションに入ったら「さあ、来い」とビシッと盤石の構えをしていました。試合だけではなく、ノック練習のときも。

要は、打球が来る前の周到な準備がすべて。準備ができていれば、ダイビングキャッチのような、見た目は華麗でも、準備不足を露呈するようなプレーにはなりません。それで彼の真似をしたら捕れるようになりました。見て学び、見て盗めることもたくさんあります。しかし実際には猛烈な反復練習を要しました。スランプを克服するには、基本に忠実に、考えなくても身体が動くよう反復練習を重ねるしか方法はないのです。

川上哲治との因縁

田原　有名な話ですが、広岡さんは川上さんとそりが合わなかった。川上さんにいじめられた、という話を聞きます。

広岡　川上さんの偉いところは、選手時代に自分の部屋に私を呼んで「俺はな、ここへ放られたら捕れない。この範囲に放ったら捕らんからな」と平気で言うんです。そんなこと言ったら、私たちが早大野球部で森茂雄監督から教わった「下手な子も練習したら上手くなる」というのはどうなるんだ⁉　と思いましたよ。そして正直なことに、本当に試合でも捕らない（笑）。さっき話に出た洋松ロビンスとの試合がまさにそうだった。

田原　すごいですね。捕らないっていうことは、相手チームを利することになるわけだから。川上さんは下手だから捕れない？　あるいは捕る気がない？

広岡　下手でもあるし、捕る気もない。両方だね。練習しないから上手くもならない。

田原　ファーストの守備練習はしないんですね。

広岡　しない。でも私は絶対、負けなかったですよ。

田原　負けないとは、川上さんに言いたいこと、正しいことをドンと言うわけですか？

広岡　川上さんに「下手なら練習しろ！」と言ってました（笑）。

田原　川上さんは大先輩。〝打撃の神様〟です。自分の立場が悪くなると思わなかったんですか？

広岡　川上さんとはお互い申年生まれで一回り、十二歳違うんですよ。私はいつも〝末っ子気分〟で、〝頼れる長兄〟に無遠慮に言いたいことを言っていた。だからいじめられたんです。でも水原監督は私のことを信用してくれました。「見てみいヒロを、後光が射しとるわい」って言ってくれていた。

田原　広岡さんが最も信頼している監督は水原茂さんだと聞いています。その理由は？

広岡　水原茂さんは正直ですから。

田原　なぜ水原さんは、広岡さんを信用したんでしょう？

広岡　やっぱり、結果が良かろうが悪かろうが、陰日向なく一生懸命やったからですよ、水原監督は「後光が射しとる」などと言いながらも、私が失敗したときは「しっかりやれ！」とハッパをかけてきた。また入団二年目に、左ひざ上の痛みを我慢して、一週間ほど試合に出続けたことがありました。広島への遠征試合のとき、すごく腫れてきたので医者に見せたら、「筋肉断裂です」と言う。コーチに経由で水原監督に伝えてもらったら、「用のない奴は東京に帰れ！」という怒鳴り声が監督室の外まで聞こえました（笑）。それでも、いじめられているような感情は抱かなかった。いまそういう人はいないものね。

田原　水原監督には認められる一方で、大先輩の川上さんとは仲が悪かった、と。

広岡　それでも、川上さんはやはり偉大な人物です。責任感を持っているし、「俺は赤バットの川上だ」いうプライドも持っている、命をかけている。ただそれは、打つことに関してだけです。打撃の調子が悪いと、一軍半のピッチャーを三人連れて多摩川グラウンドへ行き、一時間半くらい特打してましたよ。

田原　そうすると、打撃練習はほとんど川上さんが独占してるような状態でしょう。

広岡　そうです。普通の打撃練習では、三十分を五人一組くらいでやるのに、川上さんの組に入ったら、あの人が二十分くらい一人で打っている。残った連中は、「おい、三本ずつ回そうな」と言って。あの頃は自分で素振りしたり、いろんなことを聞いたりして勉強していました。打ってモノになるという練習ができなかったから。

田原　川上さんのせいで、他の選手が全部犠牲になっているじゃないですか。

広岡　だから、他の選手はそれより努力して上に行くしかない。
田原　広岡さんだって打つ時間はなかったんでしょう？
広岡　ない。全然ない。打とうと思うと、南村侑広（1917〜1990年）という早稲田の先輩から「おまえら打たんでいい」とバットを放り投げられたもの。そしたら、慶應出身でサードの宇野光雄さんが「俺の時間やるから、ヒロ、おまえ打ってこい」と言ってくれた。慶應のほうが親切です（笑）。
田原　早稲田はダメだっていう話ですか（笑）。
広岡　それでも、南村さんは打つのは上手かった。何年か経って「南村さん、シュートを打つにはどうしたらいいですか」と聞いたことがあります。すると「おまえな、インコースのシュートボールは思い切り打つとファールになる。だから腕を縮めて、コンパクトに振ってサードの頭を越すんだよ」と教えてくれました。利用すればいいんですよ。
田原　利用すればいいとは？
広岡　上手い人に話を聞けばいい。例えば東映フライヤーズ時代の張本勲は、私たちがインコースを打てたから、「どうやって打つのか教えてくれ」と訪ねてきました。巨人に移籍してくる前の話です。昔の選手は所属球団の垣根も飛び越えて、自分から教えを請いに来たものです。いまの選手からはそういうガッツがまったく感じられません。

田原　川上さんが監督になったのは1961年でしたね。

広岡　そのとき、川上さんは私にこう言いました。「ヒロ、俺は現役時代はいい加減なことをしていたけれど、チームを預かった以上はそうはいかん。一つ協力してくれ」と、まるで過去のことはなかったように平気で言いました。あの人、そういうところは本当に偉い（笑）。

私が「ぼくにそんな陰日向はございません。やるべきことはやります」と言うと、「頼むぜ、ヒロ」と。ほんと、いま考えると、いい人と巡り合ったと思うね（笑）。

田原　川上哲治さんは監督になったとき、禅寺に通って座禅を組んでいましたね。

広岡　ああ、あれは私がいじめたから（笑）。それで、正力松太郎が「お前、岐阜県の正眼寺に行って修行してこい」と言ったらしいです。

田原　なるほど。広岡さんにいじめられて、禅寺へ行ったわけだ。面白い。

戻らなかった3割の打率。そして引退を決意

田原　プレーするのが怖くなって、広岡さんは中村天風先生の哲学に学び、そして藤平光一先生に心身統一合氣道を学んだ。しかし、そうした努力にもかかわらず、その後の打率は3割に戻りませんでしたね。

広岡　うん。それが色気です。

田原　天風先生や藤平先生に習って、色気はなくなったんじゃなかったんですか?

広岡　いや、ありました。それは川上さんに対して。「どうだ。俺は勉強しているだろう」という色気です。それが失敗でした。

先ほど言ったように、そういうことを考えず、ただ来た球を打てば良かった。そうすれば、3割はラクに打てたはずです。しかし、そのときに勉強をしたおかげで、コーチや監督になったときに、選手に本当の指導をすることができた。だから、あのときの失敗は本当の失敗ではないと思っています。結果的に、勉強するチャンスをもらったわけですから。

田原　広岡さんは川上さんがいたから、頑張れた、と。しかし川上監督は選手兼コーチだった広岡さんを、巨人からトレードで出そうとします。1964年、東京オリンピックの年のシーズン終了後の話です。なぜ、そういうことになったんですか。

広岡　やっぱり私が遠慮なくモノを言うから、可愛くないんですよ。

田原　そのときは、「巨人の選手になりたくて、他の球団を断わって巨人に入団した。辞めるときは巨人の広岡で辞めたい」という広岡さんの気持ちを聞いた御大、正力松太郎が、「これほど巨人軍を愛する者を外に出すことはまかりならん」とトレード話にストップをかけた。しかし、結局広岡さんは現役を引退することになります。なぜですか？

広岡　トレード騒ぎが出たとき、私は三十二歳。まだまだ現役を続ける自信はありました。が、翌々年の1966年、シーズンの始めから身体が思うように動かない。捕れるはずのボールをポロっと落としてしまう。それで川上さんに、「何かおかしいので他の選手に代えてください。多摩川でちょっと様子見ますから」と言って、三段跳びをやったら飛べない、左足に力が入らない。

巨人の嘱託医だった伝説の名医、整骨師の吉田増蔵先生に診てもらいました。すると「これは小児麻痺と同じ症状。温度を下げてはいけない」と言われ、真夏にもかかわらず真綿でくるんで42度を保ち、一日おきにマッサージを受けた。それで治ったんですが、以前の80%程度の回復。完璧なプレーができないので、引退を決意しました。

十三年間の現役生活でした。収入源がなくなるとか、そういう問題じゃなかった。正力松太郎から球団オーナーを引き継いでいた子息の正力亨オーナーに「引退試合も何もしなくていい」と言いました。「背番号2をどうするか」と聞かれたので、「好きな選手にやっていただいて結構です。ただ一年だけ我慢してください」とお願いしました。

第三章

単身アメリカ野球留学へ

答えが見つかるまで帰国しない決意で単身渡米

田原 広岡さんは1966年のシーズン終了とともに現役を引退し、その後、メジャーリーグ視察のためにアメリカに渡りました。その動機は何だったんですか?

広岡 巨人を現役引退するまでの人生で、私は野球に非常にお世話になった。自分を育ててくれた野球に恩返しをしたいと思ったんです。

現役を退いた以上は指導者になるのが当然と考えていましたが、指導者としてやるべきことがまったくわかっていない。それで、いまの野球よりもっといい野球は何かを求めて、野球の本場・米大リーグを視察しよう、その答えが見つかるまでは帰らないぞと決意したんです。それは、「川上哲治を超える野球」を求める旅でもありました。

田原 英語は大丈夫だったのですか?

広岡 いいえ、全然ダメでした。引退した66年のシーズンオフに、早大の留学生だったフィリップ・レンネック君に一日おきに英語を教えてもらって、何とかこれくらい話せれば、現地で迷うことなく目的の場所に行けるだろうというレベルにはなりました。

田原　広岡さん単身で渡米したんですよね。チケットも何もかも全部自分で手配して、一人で行かれたっていうのはすごいことですよ、その当時。

広岡　やはり、ガイドや通訳を雇っての大名旅行では大事なことが身につきません。自分でやるということは、自分の責任。預金を崩しての自費留学でした。

　自分一人で苦労して得たことだけが、本当の成果になる。とはいえ、当時は海外渡航も珍しかった時代で、結構苦労しました。この飛行機、本当に目的地に行くのかな？　ホテルにはちゃんと予約が入っているかな？　と毎日が必死でした。

田原　最初はどこのチームを訪ねたのですか。

広岡　サンフランシスコ・ジャイアンツです。1967年の2月、ハワイ経由でサンフランシスコに着き、球団事務所に行くと誰もいない。広報担当に確認したら、「選手たちはもうアリゾナのカサグランデのキャンプ地に出発した。君はフェニックスまで飛行機で行ってレンタカーを借りるといいよ」と言われ、不慣れなレンタカーで、道を尋ねながら真っ暗な道を走って夜中にようやくキャンプ地へ到着しました。そうしたら、監督のハーマン・フランクスが、私のためにユニフォームから何から用意して、「ウチでプレーしろ」と言う。巨人を辞めた理由を説明したら、すぐあきらめてくれましたが。

視察させないよう手を回していた巨人軍

広岡　アリゾナのキャンプで二週間ほど過ごし、移動してフロリダ・ベロビーチのドジャースのキャンプ地を訪問しました。その時期には巨人軍も来ていたので、心安く訪ねたところ、ドジャースの社長秘書をしていた生原昭宏（アイク生原／1937～1992年）君が、「巨人から広岡さんをドジャータウンに入れないよう申し入れがあった」と言う。しかし球場に入るのは自由。それで私が巨人の練習を見にいくと、「練習やめ！」と号令がかかる。「広岡さんが来たらやめることになってるから向こうへ行ってください」と。私はスポーツニッポンの評論家の肩書きで取材に行ってるんですよ。練習をやめるのはおかしいですよ。

しょうがないからドジャースの一軍が練習してるほうへ行くふりをして、大きなパインツリーに隠れてサッと近づくと、ちゃんと見張りがいる。「あいつが来たぞ、やめー！」と怒鳴るんだから、「コンチキショー」って思いますよ。ほんと可愛げのない。

田原　どうして巨人軍はそんな姑息なことをしたんですか？

広岡　牧野茂（元ヘッドコーチ／1928〜1984年）の差し金だと思う。「広岡に練習を見せたら全部他のチームに筒抜けになる」と思って、川上哲治さんに進言したんじゃないかな。巨人軍を辞めて評論家になったというのに、その評論家に練習を見せないって法がありますか。「遠く米国まで来て、なぜこんな仕打ちをされるのか」と怒りと悔しさで涙があふれました。

それでも、やっぱり懐かしいね。あの頃の巨人軍の、川上、別所、千葉、平井、宇野っていうのは、みんな人間らしかった。いまの選手は言いたいことを言わないでしょ。平気で悪口を言ってくれる連中が懐かしい。いま、そういう人間が欲しいと思うくらいです。あの頃、別所さんなんかは私に「こんな下手なショートがいたら俺は勝利投手になれん」って平気で言ったからね。あの別所さんの言葉はこたえた。でも水（原）さんも偉いよ。シラーっとしてたもの。

私を締めだした巨人軍がキャンプを去った後、ドジャースは打って変わって私に好意的に接してくれました。キャンプ後は大リーグの試合の視察です。西海岸からシカゴ、デトロイト、ニューヨーク、フィラデルフィア、ボルチモアまで回りました。現地の大リーグチームの社長に会いに行ったりして、ずいぶん勉強になりましたね。

シカゴに行ったときに、東京で合氣道を一緒にやっていた自衛隊員が、たまたま現地に住んでいたんです。「広岡さん、お金かかるでしょ？　ウチに泊まりなさい」と言ってくれて、それでその家に行ったら、それまでの緊張が緩み、安心して熱が出た。

往診してくれた医者は「元気になったら、もう日本に帰ったほうがいいですよ」と言う。ホームシックになっていて帰りたかったけれども、なぜ帰らなかったかと言うと、寝ながら天井を見つめていたら川上哲治さんの顔が浮かんでくる。「絶対に川上さんを超える野球を身につける」と、ここアメリカまで来た初心を改めて思い出した。熱もホームシックも吹き飛ばしてくれました。治りました。まさに〝心が人を動かす〟のです。

田原　私もほぼ同じ時期といっていいと思いますが、1965年に、生まれて初めての海外旅行に出かけています。7月に「世界ドキュメンタリー会議」というのがソ連で開かれ、なぜかテレビ東京にいた私が選ばれてモスクワへ行きました。

香港からインドを経由してモスクワに向かう飛行機で、途中でベトナムの上空を通過しましたが、当時はまだベトナム戦争の真っ最中だったことを憶えてます。そして広岡さんではないですが、私もモスクワで人生の大転換がありました。

モスクワで人生三度目の幻滅を味わう

田原　敗戦の1945年の夏をはさんで、一学期と二学期で価値観が一八〇度変わったことはもうお話ししました。一学期まではラジオや新聞によって「英雄」とあがめ奉られていた人間が、占領軍によって次から次へと逮捕される。ラジオも新聞も逮捕されて当然だと、彼らがいかに悪いかを連日報道する。典型が東京裁判にかけられた東条英機です。大人たち、特に偉い大人たちの言うことは信用できない。マスコミも信用できない。そして国も自国の人間を騙すんだ、と思った。

世の中の空気が一変したことが、もう一回あります。敗戦後「平和のために頑張れ。平和は大事だ。戦争はダメだ」と言われる中、高校に入ったら朝鮮戦争（1950〜1953年）が始まった。当時占領軍のことを共産党だけは「解放軍」と呼んでいて、米軍と共産党はとても仲が良かった。それなのに朝鮮戦争が始まると、いきなりレッドパージが始まったんです。また世の中がいっぺんに変わった。

私は若いとき、世界はいずれ共産主義や社会主義になる。世界の理想の国はソ連だと本気で思いこんでいました。それが「世界ドキュメンタリー会議」の前年、フルシチョフが失脚した。フルシチョフはスターリンを批判したりしたので、日本ではすごく歓迎されて人気もあった。そのフルシチョフの失脚です。

主催者に「モスクワ大学の学生とディスカッションしたい」と頼んで、十五人ほどの学生に集まってもらいました。そこで「フルシチョフはどうして失脚したのか?」と聞くと、当然スラスラと答えてくれるものとばかり思い込んでいたのに、みんな真っ青な顔になって唇も震えんばかり。二週間くらいソ連に滞在してる間に、「この国は言論を社会に広げる気がまったくない。ダメだ」と、共産主義や社会主義に絶望しました。

いま思えば、このソ連での絶望体験が、その後の人生における大きなターニングポイントになりました。

広岡　人間社会の理想形だと思い込んでいた国に、自分の意見を言えるような自由はなかった、と。

田原　なかった。でも、当然なんです。人間には本能的に競争心があるでしょう。いい学校に入りたい、経済的に豊かになりたい。広岡さんが「絶対に川上さんを超える野球を身につける」と思ったのもまっとうな競争心です。

ところが共産主義は競争心を一切認めない。認めると〝競争の自由〟になってしまう。だから言論表現の自由も禁止。経済活動の競争の自由はある程度認めている中国も、言論表現の自由に関しては同様に禁止です。

ただ、日本に帰ってきても、モスクワで見てきたこの話はできなかった。言ったらぼくが逆パージされると思った。というのもその頃、朝日、読売、毎日、産経などの新聞やマスコミは、どこも「ソ連万歳！」だったんです。

大リーグで学んだピッチャーの「ローテーション」

田原 アメリカを視察旅行中は、食事一つ取っても大変だったでしょう。

広岡 食事は各球団にマスコミ用の食堂があるので、しっかり食べてましたが、さすがに四カ月もさすらいの一人旅を続けていると、里心もつく。

アメリカでの視察を終えて、四度首位打者を獲ったロベルト・クレメンテの故郷のプエルトリコはどんなところだろうと興味があって中南米にまで足を延ばし、ヨーロッパ回りで帰国するつもりでした。しかしやはりベトナム戦争の影響があって、中南米から再びアメリカに戻り、四カ月にわたる視察旅行を終えて帰国しました。

田原 アメリカへ実地にいらして、日本のプロ野球と米大リーグの違いについて、どんなことを感じましたか?

広岡 やはり、島国育ちで単一民族の人間と、陸続きで国境線がある多民族国家の人間は明らかに違う。彼らはいつでも喧嘩する準備をしている。喧嘩に勝つためにはやはり、それだけの根拠と訓練が必要になる。その準備を整えて、いざというときに備える。これが鉄則だと思いましたね。

田原 ピッチャーの「ローテーション」は、広岡さんがアメリカ視察に行ってから日本に広めたんでしたね。なぜアメリカではローテーションが導入されているんですか?

広岡 多民族国家では、まず平等じゃなきゃいけない。

田原 平等ね。平等というのが大事なんですね。

広岡 私は、1976年にヤクルトの監督に就任してから、投手のローテーションの確立を目指しました。当時のエース級ピッチャーは松岡弘、安田猛、浅野啓司の三人。この三人に鈴木康二郎、会田照夫を加えた五人で先発を回す。順番を決めたら、抜くことなく先発で使う。かつ、五回までは絶対に代えない。

これは結局、選手を信頼しないとできないことです。そしてこっちが信頼すると、選手も「監督は俺を信用してくれている」と思って奮起する。得意なチームだろうが苦手なチームだろうが、自分で研究して勝つことを覚えるんです。

さらに責任感も芽生えます。従来の日本のプロ野球では、対戦チームごとに相性のいいピッチャーを当てていた。しかしこのやり方では、先発投手が六人も七人も必要になってくる。中一週間、中十日の休みで使わざるを得なくなるんです。

長持ち金田正一、早期引退の稲尾

田原　丁度いいので、このタイミングで伺いたい。ローテーションなんて戦術がなかった時代に、金田正一はピッチャーとしてどうしてあんなに長持ちしたんでしょう。

広岡　金田はやはり身体がいいのと、走り過ぎるくらい走りこんでいた。それによく食っていました。まじめに練習するし、考えていることに間違いがないから、投手陣が可愛がっていました。通算四百勝は、巨人が最後にチームを挙げて応援してやったんです。

金田は実力あるピッチャーでしたよ。34完投を記録したシーズンもありました。

田原　逆に、先発完投をやりすぎて早く選手寿命が終わった選手が、西鉄の稲尾和久（1937～2007年）。日本シリーズでも連投するんですよね。「神様、仏様、稲尾様」は新聞の見出しにもなりました。ところが、連投しすぎて、三十二歳で引退。

広岡　昔の監督は、いいピッチャーがいないと勝てなかった。もう稲尾、稲尾、権藤、権藤と、勝ちたいために酷使する。それは間違いだと私は現役時代から思っていました。それでアメリカに留学して向こうのローテーションのことを学んできたんです。

スーパースターは優雅に引退、メジャーの苦労人が監督を目指す

広岡　メジャーリーグは平等を重んじるぶん、責任も重い。チームの指揮を任せた人間が結果を出せないと、監督もコーチも即クビです。一方で、日本は責任をとらないシステムになっている。

田原　政治と同じです。メジャーリーグでは、かつてスーパースターだった人物が監督やコーチを務めるというケースは少ないですね。

広岡　ほとんどありません。むしろ、あまり活躍をしなかった選手が一生懸命勉強して、コーチや監督になっていく。スーパースターになった連中は、「君は名選手だったから、ぜひ後輩にその技術を教えるコーチになってくれ」と言われても、「いや、俺は自分で努力してたくさんお金ももらった。残りの時間は、女房と一緒に悠々と暮らしたい」と断わる。これがアメリカ流。

大リーグの終身年金というのは、年額で約二千万〜三千万円あります。そのためにみ

んな頑張る。それを取れない落第坊主の連中が、日本のプロ野球界に来るんですよ。日本が二軍扱いされているようで、しゃくに障ってしょうがない。

田原　もう少しメジャーリーグの話を続けさせてください。メジャーでは、高校や大学でいくら活躍したスーパースターでも、必ず数年間はマイナーリーグに入れますね。これはなぜですか。

広岡　一つには、監督・コーチがその選手を見るためです。

田原　どういうことでしょう?

広岡　メジャーにふさわしい人間かどうかを、です。メジャーでは、一番下のルーキーリーグからトリプルAまで、七段階ある各マイナーリーグに責任者を配属しています。私たちが1988年、日本選手の受け入れを目指して、当時ミネソタ・ツインズの傘下だった1Aのバイセイリア・オークスを買収したときのことです。現地を訪れると、ドラフト一位の内野手の子が、やっぱりそこで勉強していました。さすがに比較的短期間でパパッとメジャーに上がりましたが、ドラフト一位の子でも、すぐにとはいかない。

あと余談ですが、マイナーの連中と一緒にやるときは、洗濯物がなくなるので油断ができません。

田原　洗濯物が消える（笑）。

広岡　メジャーリーグでは洗濯は全部チームでやってくれるシステムです。で、メジャーの連中と一緒のときはそんなことは絶対にない。だけどマイナーでは、すぐに取りにいかないと誰かに持っていかれてしまう。街場のコインランドリーで起きるようなことがあるわけです。そのくらいハングリーなんですよ。

田原　ハングリーなそのマイナーでは、選手たちにどういうことを教えるんですか？

広岡　まず、チームでやるべきこと。例えばドジャースならドジャースはこういう方針でやっているということを教え込む。監督、コーチ、選手、全員で共有するためです。野球の技術はもちろんのこと、地域とのつながり、マスコミ対応やファン対応、金銭感覚やドラッグに関する知識まで、野球人としての基礎知識をマイナーリーグで教え込まれます。

アメリカでは監督やコーチ、審判もマイナーリーグから

田原　もう一つ。アメリカでは監督やコーチなどの指導者も、マイナーリーグからメジャーに上がっていくと聞きます。

広岡　そうです。先ほど言ったように、スーパースターの連中は金をたくさんもらって、家庭を大事にしながら余生を楽しむ。野球への夢を捨てきれない中間くらいの選手、しかも真面目な人が引退後にメジャーの監督を目指すんです。

田原　あまり有名でもなく、たいして金ももらわなかった選手たちですね。

広岡　彼らも選手同様、マイナーリーグからテストされます。七段階あるマイナーリーグを、一つずつ這い上がっていく。各リーグでコーチをやり、監督をやり、能力があるかないかを見られながら上を目指す。そしてメジャーの監督の座が空けば、就任する。昔のドジャースのオルストン監督みたいに二十三年間もやったら、いいかげん椅子を明けわたしたほうがいい。空きがないと、上がるに上がれないのがいるんですから（笑）。

田原 何年くらいマイナーリーグで鍛えられるんですか？

広岡 私も正確にはわかりません。ずっと見ているマイナーの責任者やメジャーの責任者の判断次第でしょうね。「こいつはいいな」と思われたら、順調に階段を上る。

　審判も同様です。審判学校を卒業して、ルーキーリーグからスタート。３Ａの試合に出るようになると、ナショナルリーグやアメリカンリーグの責任者が「おまえはうちのリーグ向きだから、ぜひ来てくれ」ってスカウトに来る。

田原 アンパイヤもそうなんですね。

広岡 そうです。そういうメジャーの厳しさを知ってしまうと、「ぼくは五年間アメリカでプレーしてました」という選手が日本に来ても、私はつい「おまえは落第生だな」って言いたくなってしまう。向こうで求められる選手が日本に来るわけがない、出稼ぎに来ているだけです。

　上原浩治だってメジャーで九年プレーしたから、十年の満額ではないにせよ、六十二歳から毎年、終身年金を約二千万円受け取れる。これがあるべき本当の姿ですよ。しかし日本の球界にそんな制度はありません。逆にＯＢたちが、ＯＢクラブに毎年一万円払ってる（笑）。

高校野球＝越境入学反対、大学野球＝基本に戻れ

田原　アメリカの野球選手育成法をよく知る広岡さんが、日本の高校野球や大学野球をどう見ているのかも伺いたい。彼らは将来の日本の球界を背負って立つ人材ですから。

広岡　私は高校野球の越境入学には反対です。愛媛県の球児が、同じ愛媛県内の私立へ行くくらいはいいですよ。しかし、どうして育ててくれた地元を離れて、四国から九州へ行ったり北海道へ行ったりってやるんですか。それは間違い、ナンセンスですよ。

田原　しかし、いま私立の高校はみんな越境してるじゃないですか。

広岡　それは甲子園に行けるから。高校は甲子園に行くためにあるんですか？　違うでしょう。

田原　だって、いま私立高校の野球部は、甲子園に行くためにあるようなものですよ。

広岡　それを直さないからいけないんだよ。高校は基本を教わる大事な時期です。大学ならまだわかりますが、選手を潰してしまう原因になりかねない。

うちの孫は日大三高にお世話になりましたが、二年で野球部を辞めた。で、塾に通っ

て、周囲が驚くほど一生懸命に勉強して早稲田に入りました。「そんなに野球部の子はみんな勉強しないのか」と聞いたら、「う〜ん、どうかな、自分の名前をローマ字で書けるかな？」って言ってたもの。そういった高校生が寮に入って、授業料はタダでしょう。野球がちょっと上手いから、甲子園に行けるから、越境して私立にというのは間違いですよ。目標をあまりに短期なところに置きすぎている。

基本的に中学、高校では何が本質かといえば勉強ですよ。大学ではプロになろうがなるまいが、社会人として通用するような人間を養成すべき。それを日本人は「勝て、勝て」ばかり言う。だから小学生でも中学生でも、ピッチャーに数多く放らせるんです。そんなことをしていたら故障する。アメリカなんか、子供には何球以上は放らせないでしょう。あれは偉いですよ。やっぱり向こうのほうがわかっている。

中学二年、三年になってやっと大人の身体になるんだから。そのときに「ぼくは野球やります、ぼくはアメフトやります」と決めても遅くはありません。それまではいろんなスポーツをやるべきです。

田原　私は最近、ある出版社で、県立高校の野球部について書いた人の本の解説を書いたんですよ。県立は越境入学させない。地場で来てる子供たちが、一生懸命野球をやっている。

広岡　甲子園の出場校のうち、私立高校は四十校くらいあるけど、県立高校は七校くらいでしょう。

田原　だから大変だ、という話で。

広岡　地場で揉まれたほうが、いろんな意味で勉強になるんですよ。

田原　県立高校はね、大学も東大とか早稲田とかに入りますからね。

広岡　野球部の高校生は昔からね、勉強ができたんですよ。それくらい応用度のきいたのが、運動選手だった。

田原　私は先に話したように、高校の野球部で正選手にはなれず、一年生までで辞めました。自分でも野球をやってみて、能力や才能とは、人によってこんなに違うんだと痛感しました。

広岡　いや、それはちゃんと教わってないからでしょう。

田原　勉強というものは、予習さえしておけばだいたい何の教科だってできるんですよ。東大に合格するなんて簡単で、頭の良し悪しはあまり関係ない。暗記など、ただ勉強すればいいだけ。でも野球は違う。

広岡　東大といえば、東大の監督に電話で「こうやったら上手になる」と話したら、「はい！　わかりました」って馬鹿にお返事がいいので「頭でわかっても、何年間も毎日毎日練習して身体に覚えこませなければ、何にもならない！」と叱ったことがあります。他の大学は東大の何倍も練習している。東大はそれができていない。だから東大野球部は、いつまで経っても六大学リーグのお荷物なんです。

田原　練習すれば上手くなるとおっしゃいますが、広岡さん自身は、呉一中の頃から素晴らしかったんじゃないですか。

広岡　いや、やはり正しいことを教わって、くり返し練習することが何より大事ですよ。この間、早稲田の野球部に行ったんですが、引退した私でも直接技術を指導したらプロアマ規定違反になるんです。直接指導はできなくて、遠巻きに見ているしかない。おかしいですよ。いまだにアマチュアとプロが喧嘩してるなんて。

田原　今年、早稲田は全然ダメですね。

広岡　ダメだから、チャンスがあるんです。私はいま、早稲田の野球部の監督に、「革命を起こせ」「大学の四年間を有意義に過ごさせろ」「内容を充実させろ」ということを進言しているところです。

田原　勉強しろということですか？

広岡　一年生より二年生が偉い、二年生より三年生が偉いというのは、それだけ同じことを繰り返し練習しているからです。ところが四年生より一年生のいい選手が入ってきたら、斎藤佑樹みたいにすぐレギュラーとして使う。あれは間違いです。今年四年生が卒業していく、また新しい生徒が入ってきて四年間勉強して出ていく。もう一巡くらいしたら、早稲田の野球もだいぶ良くなると進言してるんです。

田原　時間がかかるということですね。

広岡　早稲田野球の伝統なんてすっかりなくなってしまった。もう見ればすぐわかるくらいに崩れている。「革命」というのは「当たり前のことをやれ」という意味です。

田原　崩れるってどういうことなんですか？

広岡　ボールをまっすぐ放れない。

田原　どうしてそんなに崩れちゃったんですか？

広岡　教える人がいないから。

田原　広岡さんがおっしゃりたいのは、「革命」による原点回帰、「元に戻せ」っていうことですね。

広岡　早稲田大学には野球の推薦枠が四あって、毎年四名入ってきます。下手くそだなーって思って観てるんですよ。ある選手に「君、甲子園に五回も出たんだから、監督にいろいろ教わっただろう」って聞いたら、「いいえ、広岡さん、一度も教わったことはありません」と言っていた。ちなみに田原さん、いま、大学を出てプロ野球の監督をしているのは高橋由伸、ただ一人ですよ。だから「おまえ、本当に慶應出たのか?」って、ぼくに言われるんです（笑）。

ただ、いまの学生に悪いヤツはいない。選手が「俺は上手い」と勘違いするのは教える人間がいないからで、本当に悪いのは「知らない」ということです。こうした連中は、どうしたら良くて、どうしたら悪いかについての知識を持たない。

田原　どういうことを知るべきなんでしょう。

広岡　まずたいていの人が、人間という生き物はものすごい力を持って生まれていることを知りません。ただ漫然と毎日を生きている。贅沢することばかり、ラクすることばかり考えて生きている。そういう文明社会のぬるま湯にどっぷり浸かっていると、人は堕落しやすくなります。

しかし人間には実はものすごい潜在能力がある。じゃあ、どうやったらその潜在能力を発揮できるか？　やはり、地球があって人間があるというのが基本ですよ。それを自分が先にいて地球があると勘違いしている子が多いんです。だから地球の法則に従って、万物の霊長たる人間がより良くなるため、進歩するために努力する。これが本当の基本です。まずやるべきことをやれ、と。

田原　やるべきことって何ですか？

広岡　万物の霊長たるプライドを持って、病気をしない身体作りをして、強い精神力を鍛錬する。まずはそういうことから始める。私が西武の監督になったとき、主力の選手たちはもういい歳で、伸びしろにはあまり期待できなかった。しかし確かな技術はある。毎日元気に球場へ来られれば絶対に勝てると考え、食生活の改善に力を入れました。たったそれだけで、就任一年目にして日本一になれたんです。

それと同じで、若い人は自分にすごい潜在能力があるのを知らない。「その力が君にはあるんだよ」って言ってあげて、自分がなりたいような上手な選手になるためにはこうしなさいと、具体的に教えればいいんですよ。

早稲田大学の野球部も、いまは五位でも、やるべきことさえしっかりやっていれば、近々一位になるでしょう。

清宮幸太郎について気になる二、三の事柄

田原　早稲田実業からプロ入りした清宮幸太郎。お父さんは元ラグビー選手で、早稲田大学ラグビー部の元監督。私はよく知っています。清宮が大学に行かないでプロに入ったのは、早実でも大学でもスタープレーヤーだった〝ハンカチ王子〟こと斎藤佑樹の失敗が一因ではないかと私は思うんですが、いかがですか？

広岡　清宮は、きっと大学は値打ちがないと思っているんですよ。「大学に行くべきだ」とアドバイスしてくれる人がいなかった。大学の値打ちを全然わかっていない。

田原　入団一年目の今年から第一線に出て、活躍してくれそうですが。

広岡　私が気になるのは清宮が中学時代にケガばかりしていること。そういう子は、やっていたことが間違っているか、ろくな身体じゃないかのどちらかです。ずん胴なのも気になるし、足が遅いのも気になる。大谷みたいに五年くらい日本でやって、メジャーにいく計画なんでしょうが、メジャーは絶対に故障持ちは獲りません。いまのうちに、ちゃんと身体を作り直したほうがいいですよ。

スカウトの連中には「若いうち、二十歳前後でどこが痛いとか、脚がこうなったとかいう選手は獲るな」と言っています。若いうちから故障する選手は往々にしてダメですよ。

田原　五年後の清宮はメジャーリーガーですか。

広岡　いや、五年か三年か、それはわかりません。ただ日本の野球界にはその気があるから、それはダメだと抑えなきゃいけない。

私が言いたいのは、大谷にしろ清宮にしろ、せっかく優秀な選手が日本に生まれてきたのに、何でアメリカにやるんですか、ということです。自分の実力をアメリカで示してみたいということなら、私は三十歳前になってからで十分だと思う。日本のために野球をやって、赫々《かくかく》たる実績を挙げてから、「日本人ここにあり」と、堂々とアメリカに乗り込めばいい。

ハンカチ王子は変化球王子を目指すべき

田原　清宮が早稲田大学に進学せずにプロ野球に入ったのは、私はやっぱりハンカチ王子の失敗が関係していると思う。高校で注目された斎藤は、甲子園で決勝戦を戦った田中将大（ニューヨーク・ヤンキース）と違い大学に行き、プロに入ってダメになった。それもあって清宮は、俺は大学に行かないでプロへ行くべきと思ったんじゃないかと。

広岡　「ハンカチ王子は、プロじゃ絶対に通用しない」と最初に私は言いましたよ。

田原　どこがダメなんですか？

広岡　斎藤はプロで通用するような投げ方をしていない。己を知らなすぎる。彼の本質は変化球ピッチャーですよ。なのに、ストレートの速い球を放りたがる。パッと割り切って、変化球ピッチャーとして練習を積み、自分流を作ればいいのに。

田原　じゃあ、四の五の言わずに、端的に投げ方を変えさせればいいじゃないんですか。

広岡　いや、変えさせるコーチがいない。本人の責任以上に、コーチや監督の責任です。ハンカチ王子を指導できる人間がいないことが一番の問題なんです。

第四章

指導者としての責任とは

「管理野球」と呼ばれて

田原　広岡さんが西武の監督になられたとき、「管理野球」とマスコミにはやし立てられましたね。どうしてですか。

広岡　売れるからでしょう。監督と選手の関係が悪かったり険悪だったりするほうが面白い。だから煽《あお》る。「円満」じゃ記事にならないもの（笑）。

田原　でもご自身で書かれた本を読むと、広岡さんは「管理じゃない、教育だ」とおっしゃっている。

広岡　管理、管理と言うけれど、門限作って何が悪いんですか。こちらは選手のためを考えて規則を作る。規則を作ったら、規則通りやればいいだけのことです。

その逆の例で、大下弘は東映フライヤーズ（現日本ハムファイターズ）の監督時代に「サインなし・罰金なし・門限なし」の方針を打ち出して規則をなくした。酒飲んでいい、タバコ吸っていいと自由にした。もちろん選手は文句言いません。喜びますよ。

田原　青バットの大下さんの〝三無主義〟ですね。

広岡　しかしその三無主義の挙げ句にチームは最下位になり、大下さんはシーズン途中で監督を辞任した。ある種の規律をなくしてしまったら、集団スポーツなんか何一つ成り立ちませんよ。

田原　暴力も必要ですか。

広岡　暴力って言うのが間違い。あれは「愛のムチ」です。

田原　とても大事なことだ。いまどきは「愛のムチ」もタブーです。マスコミは全部「暴力」と言いますから。広岡さん、愛のムチと暴力はどこが違うんですか？

広岡　教えることが何もなくて、パーンとやれば暴力です。

　私は選手の育成能力が非常に高かった西本幸雄さんのことを「プロ野球史上最高の監督」と自著にも書いたことがありますが、西本さんなんか、それでいくと全部暴力になってしまう。バットの後ろで選手をゴーンってやってましたから。

　しかしあの人は、トスバッティングをするとき自分で投げる。偉いと思いましたよ。自分で投げて、選手がカーンと打っているときは絶対にやらない。ただ手を抜いたりしたら、バットでボカーン（笑）。

田原　ところで管理されている側の選手たちは、管理する広岡さんを嫌わなかったんですか？

広岡　まあ、半年は嫌われます。

田原　半年？

広岡　誰だってラクしたいですから。例えば、夏場の暑い盛りに巨人とヤクルトが試合をする。向こうの飲み物はコーラ、スワローズは身体に良いプラッシー。選手たちは半年くらいは「いいなあ、あっちはコーラが飲めて」と羨ましがります。それでも続けているうちに、だんだんスワローズが勝ちはじめる。そうすると「俺はプラッシー飲んでるから勝つわ」と言い出すんですす（笑）。

監督が走れば選手は育つ

田原　もちろん広岡さんのは管理野球じゃないと思いますよ、ご自分で教育だとおっしゃっている通りだと思います。広岡さんは日本のプロ野球界で、「選手を育てる名人」と言われていますね。

広岡　しかしそれには、長い時間がかかっていますよ。十年後、十五年ぐらい後にわかってくるんですよ。その当時はやっぱりキツいなって思う。人間はラクしたいですから。

田原　広岡さんはこれまでの監督と、どうやり方が違ったんですか。

広岡　まず、実際に自分から動かないとやっぱりいけません。一事が万事そうです。選手たちと一緒の行動をとることが大事。私は監督になった当初、ランニングも選手たちと一緒にやりました。

田原　あ、監督も走ったわけね。なるほど。

広岡　全部走る。監督がついて走るから、選手たちはやめるわけにもいかない。

田原　いまの監督は選手と一緒に走ってないでしょう。

広岡　走るものですか。走っている選手を見ることさえしないでしょう。やっぱり、一番上の立場の監督が一緒のことをやると選手は辛い。大変ですよ。

田原　広岡さんが見れば、いい選手かダメな選手か、すぐわかりますか？

広岡　私は、挨拶の仕方、姿勢などを見れば、〝こいつはダメ〟〝こいつはいい〟とわかります。試合にベストコンディションで来てない選手も。

田原　どこでわかるんですか？

広岡　出来の悪いヤツはだらしないんです。前向きなヤツは動きもキビキビしている。やるべきことをサッとやりますよね。

田原　広岡さんはわかるけど、日本の多くの監督はわかってないんじゃないですか？

広岡　だからダメなんですよ。選手と一緒に行動してじっと見ていればすぐわかるのに、腕組みしてベンチに座りっぱなし。何がわかるものですか。

田原　選手の立ち居振る舞いの隅々まで見るということですか？

広岡　例えば選手たちがトレーニングで走っとるじゃないですか。そのときにちゃんと見ていればわかりますよ。パーっと走ってる選手と、フワフワと走ってる選手は一目瞭然です。そもそも、みんなそういう細かいところまで見ていないんです。

千本ノックで色気を抜く

田原　広岡さんは野手に対しての千本ノックも奨励されていますね。何のためですか。

広岡　千本ノックは、選手の欲をなくすんです。千本ノックこと特守や特打というのは、色気を抜くのに一番いい。

田原　色気？　どういうことですか。

広岡　千本ノックだとか特打っていうのは、最初のうちはどうしても、「俺は上手いだろう」っていう色気がプレーヤーにあるんですよ。

田原　プレーを人に見せびらかそうとする？

広岡　そうそう。でも疲れてくると、それどころじゃなくなる。疲れて倒れるけれども、パーンと打って球が行くと反射神経で捕るんです（笑）。

田原　疲れ果てるまでやることに、どういう意味があるんですか？

広岡　元気なうちはまだ色気があって、捕れる球も捕れない。しかし疲れ果てて、頭が空っぽになれば無心の状態になって、逆に捕れるようになるということです。

私の高校時代、コーチに来てくれた専修大学の上川さんがそうでした。パーンとピッチャーのほうへノックする。殺されるかと思うくらい、ヘトヘトになるまでやらされた。その後、早稲田に入ってからも、「これが捕れないで一軍になれるか!」と同じことをやられました。そういう訓練をやってないから、平凡な打球がみんなヒットになる。

田原　千本ノックは、私の体験上では二時間もやれば、きっと疲れ果てると思います。特打はどれくらいやるんですか?

広岡　一時間半くらい打ちます。

田原　いまはせいぜい十五分とかではないですか?

広岡　田淵に特打させたら、十分ほどで帰ってくるんですよ。「おまえ、もう帰ってきたのか!?」って思わず言ってしまったくらいです。「おまえな、川上さんなんか一時間半くらい打ちっぱなしで打ってね、やっとわかるって言ってたぞ」と言ったら、そのうち十分が二十分になり、二十分が三十分になりと、だんだん時間が延びていった。

田原　なるほど。選手の色気や、ラクしたいという欲を削いでいくんですね。そこでさらに広岡さんのもとで、どういう選手が育っていったのか。広岡さんが指導した選手たちの話を具体的にお聞きしていきたい。

ヤクルトや西武で私が育てた選手たち

●苑田聡彦

田原　まず広島カープの苑田聡彦です。彼をカープのコーチ時代の広岡さんは見事に育てた。最初はなかなか上手くいかなかったと聞いています。

広岡　当時の監督は根本さんで、苑田はバッティングはいいけど守備がダメ。根本さんに「一年間とにかく教えてくれ」と言われたからやりました。お互い一生懸命にやりました。しかし私のほうが先に音を上げたんですね。「根本さん、苑田はもともと外野手で、内野手にしろというのはとうてい無理です。一年やってもダメなんだから、苑田をもう外野に戻してやってくれ」と。そうしたら根本さんが「おまえは二年契約のコーチだから、二年間やる義務がある」と言う。そう言われればそうだなと思って、それで二年目もやったら、苑田はストレスで円形脱毛症になりながらも一年半でレギュラーを獲得しました。

田原　どうして良くなったんですか？

広岡　だから、「おい、苑田、おまえ上手くなったな、どうしてだ？」って聞いたら、「いや、コーチに言われた通り一生懸命やってるだけです」という答え。まったく色気がないんです。言われた通りにやったら、人が褒めてくれた。上手くやろうなんて欲が全然ない。この体験がその後の私にとって、非常に勉強になりました。指導者がやる気を出させて、根気よくずっと練習を続ければ必ず人間は上手くなる、と。

田原　広岡さんがよく言われている「人は信念ある指導によって育つ」ですね。

●水谷新太郎

広岡　その後、ご縁があって、１９７４年に私はヤクルトの守備コーチになりました。ドラフトで獲った遊撃手の水谷新太郎の話をしましょう。

水谷は足も速く身体能力は高かったのに、ずっと預かっても上手くならなかった。一年目は「そうかまだ時期が来てないのか、よし、二年目も頑張ろう！」という調子で一生懸命やってるのに、レギュラーになれない。普通はなりますよ。「おまえな、もっとリラックスしろ、リラックスしろ」と言っても理解できないようでした。だから逆に、「思い切り緊張してみろ」と指導した。思いっきりガーっと緊張させて、もっともっと緊張しろって言うと、スーっと力が抜けたんですよ。

田原　え、どういうことですか？

広岡　逆も真ということです。

田原　リラックスはダメなんですか？

広岡　水谷は、「楽に構えろ」と言ってもできなかった。「もっと緊張してガチガチになれ」と言えば、ガチガチになった次は緊張を超えるから、リラックスするんです。

田原　ああ、「緊張しろ、緊張しろ」と言うと、緊張の限界を超えちゃって、逆にリラックスするということですか。なるほど。「リラックスしろ」と言うと、リラックスできないんですね。

広岡　うん、それで三年目に私はヤクルトの監督になりました。すると、水谷の指導を引き継いだ武上四郎（1941～2002年）と丸山完二の両コーチが、「水谷に正遊撃手になれる素質はありません。モノになったらおなぐさみです。監督が二年間教えてもダメだったでしょう？」と言ってきた。「いや、俺は広島カープで苑田を一年半教えたとき、実は〝本当にダメだ〟って途中で投げ出したかった。でも驚くほど上手くなった苑田を見て、人間はやればできることを学ばせてもらった。おまえらもそういうつもりで教えてくれ」と話したんです。「ダメだと思ったら絶対に上手くならないから、そういうつもりで教えろ」って言ったら、二人とも監督の私以上に厳しく指導しました。そうしたら、水谷はレギュラーになれた。私がコーチで二年、武上・丸山両コーチで一年だから、合計三年かかりましたが、ヤクルトがリーグ初優勝、そして日本一に輝いた1978年には、名実ともに日本一の名ショートになったのです。

田原　三年も？　本人は三年もかかって、途中であきらめなかったんですか？

広岡　あきらめさせないんです。

田原　どうすれば、あきらめないんですか？

広岡　相手にしなかったら、すぐ辞めますよ。毎日根気よく「上手い、上手い、その通りにやれ！」って教えるんですよ。

指導者がポイって匙を投げたら終わりです。同じ武上と丸山が長嶋一茂を教えた。「一生懸命やれば、お前はできる」と励ました。そうしたらね、本人が「野球がすべてではありませんから」と言ったそうです（笑）。あほらしいから指導をやめたって言っていました。そんな一茂が、いまは野球評論家をやっているんですけどね。

田原　さっきの話に戻りますけど、水谷がレギュラーになるまで四年間かかった。その間、広岡さんが毎日、頑張れ、頑張れと励ましたんですよね。「頑張れ、頑張れ」と言えば何とかなると思ったんですか？　こいつは何年かかってもダメかもしれないと、まったく思わなかったんですか？

広岡　もう、練習の相手をしてボールを転がすだけですから、「上手い、上手い」と言って。それを毎日ただやるだけですよ。

田原　だから、広岡さんはなぜあきらめなかったんですか？

広岡　やっぱり内野手というのは育てるものなんです。かつ、当時の私はコーチだったから、育てる義務があった。人によって早い遅いはあるけれど、やれば人間は必ずできるようになる。私はそういう信念を持っています。しつこいよね（笑）。

●角富士夫

田原　どんな人間でも、必ず育つものだと思っているんですか？

広岡　うん。そうですよ。

田原　だからそこが問題で、広岡さんは、選手を育てるのは点じゃなくて線、長期間でやらなければならないとおっしゃっている。向こうは反発するわけでしょ？

広岡　ええ、だいたい全員がそうです。だけどコーチも勉強してくれるようになりますからね。水谷はまあ三年かかりましたけど、角富士夫は、ピッチャーとしてはもうダメだからバッターとしてサードに行かせようとした。あいつは内股でね、「そうとう時間がかかるぞ」と言ったら、「監督、なせばなると言ったのは監督じゃないですか」とコーチ陣が反論してきた。「おお、いいことだ。やるだけやってみろ。ただ一年くらいじゃ難しいと思うよ」と言っていたら、何と一年で角はレギュラーになった。監督がしっかりしてさえいれば、コーチ陣も熱心に研究し、指導してくれるんですよ。

●石毛宏典

広岡　反発してくる選手の典型が、私が西武監督時代の石毛宏典遊撃手でした。そこで私はわざと彼に「おまえ、そんなに下手でよく新人王を獲ったな」と言いました。プライドを傷つけられた石毛は当然反発します。その一方で私は控えの遊撃手だった行沢久隆を手取り足取り、懇切丁寧に指導したんです。

田原　そのときに広岡さんは、行沢を褒めたんですね？

広岡　行沢が目に見えて上達してきたので私も嬉しくなって、新聞記者たちに「行沢は守備だけならもう正遊撃手ですよ」と言いました。

田原　そうしたら石毛はどうしたんですか？

広岡　石毛のほうから「ぼくにも教えてください！」と言ってきました。私は内心「しめた！」と思いましたね。その後、石毛は熱心に私と一対一での練習に励みました。

天狗になりかけている選手、ライバルがいない選手には、指導者が好敵手を作ってやる必要もあるのです。ライバルがいる状況は、苦しいがゆえに選手を確実に伸ばします。「ライバルに勝ちたい」と願う選手は、指導者の助言もまた素直に受け入れるのです。

●若松勉

田原　広岡さんがヤクルト監督時代の若松勉選手は、「足が痛い」とか言って、最初はロクに練習に参加してなかったそうですね。

広岡　あの頃のヤクルトは具合が悪いときにも、アルコールを飲む選手が多かった。合宿に向かうバスの中で、若松が「プシュッ」と開けて缶ビールを飲んでいるのがバックミラーに映った。それからグラウンドに出て練習を始めたら若松がいない。足が悪いからトレーナーにテーピングしてもらっているという。「何をしていた？　時間までに来ないなら、おまえなんてよそにいったら補欠だ！」と怒鳴りつけました。

田原　叱り飛ばしたわけね？

広岡　そうしたらピューって、他の選手たちと一緒に走りはじめた。足が痛いはずはないんですよ。それから若松は変わりました。

田原　広岡さんが怒鳴りつけてから。

広岡　私に二度と文句を言わせないよう、一生懸命やればいいと思ったのでしょう。何事にも積極的に取り組み、チームの牽引力になってくれました。その後、若松の機動力を生かすために、レフトからセンターにコンバートしたら、ダイヤモンドグラブ賞（現ゴールデン・グラブ賞）を獲りました。

田原　他のコーチたちは、若松が反発するのが怖いから誰も注意しなかった。そこで広岡さんが、ドンと怒鳴りつけたら変わった。どういう意識の変化があったんでしょう。
広岡　本人に直接聞いたことがあるのですが、「とにかく広岡監督は少しでも横着すると文句を言う。だったら文句を言われないようにすればいい。そういう生活をすればいいんだ」と考えた。それで文句を言われない生活を始めたら、ダイヤモンドグラブ賞が獲れた、嬉しくて仕方なかった、と。若松の場合、そのモチベーションを長年維持できたから、その後ヤクルトの監督になって、日本一を達成できたのだと思います。

●工藤公康

田原　ご自身が育てた選手の中で、「俺の最高傑作だ」って思われる選手は誰ですか？
広岡　最高傑作というか、よく頑張ったのは石毛と水谷でしょう。ただあの二人は、監督やコーチとしてユニフォームを着ても長続きしないのが課題。すぐクビになるんです。
田原　すぐクビになっちゃう原因は何だと思いますか。
広岡　石毛はね、女グセが悪い（笑）。水谷は真面目なのになあ……。ヤクルトでダメで、ＤｅＮＡでダメで、ヤクルトに帰ってまたダメで、今度、韓国に行くそうです。彼は苦労してるんですよ。

田原　広岡さんの教え子で、指導者として大成した選手は？

広岡　上手にやって監督になったのは、現ソフトバンク監督の工藤公康です。彼は頭がいい。西武入団最初の一年目から一軍に起用し、三年目にアメリカ留学にやって、大リーグのハングリー精神を学ばせました。それが全部プラスになっている。現役時代に十四度リーグ優勝、十一度の日本一を経験し「優勝請負人」と呼ばれた名ピッチャーです。さらに私が選手たちの食生活管理をした影響もあってか、栄養士の女性と結婚したのもよかったのでしょう。いまでも彼は「あのマイナーリーグでの経験が良い勉強になりました」と話しています。

●辻発彦

広岡　それから辻が、昨年（2017年）から埼玉西武ライオンズの監督で頑張っています。私は一年だけ辻を教えましたが、彼は骨があるちょっと変わったヤツです。監督自らバットを振ったりして、私とだいたい似たようなことをやっている。彼には「コーチを教えるのも監督の仕事だぞ」とアドバイスしています。

田原　ほかにも中日の森繁和監督、昨年までロッテの監督だった伊東勤さん、日本のプロ野球の監督をしている人物は、ほぼ広岡さんの教え子じゃないですか。

広岡　本当は、巨人の選手がコーチや監督にならなければいけないと思うんですよ。でも私は自分が選手として在籍していたから、巨人が指導者を養成するのがダメっていうのが身にしみてわかっている。

巨人は教えるのが下手。コーチ陣が「おまえ、やる気ないから二軍に行け」なんて言うんですよ。私は〝教えて勝つ〟ことをヤクルトの松園（尚巳）さんから教わりました。

田原　どういうことですか、〝教えて勝つ〟というのは。

広岡　ヤクルト監督時代に、山崎裕之というロッテの二塁手が私のところへ来たいと言ったので、トレードを考えました。しかし球団オーナーの松園さんが「まあ、広岡君、ぼくは縁があって来てくれたドラフトの選手を育てていきたい。売買するのは嫌いだ」と言う。それで話はお流れになりました。

そのとき考えたんです。山崎がセカンドに入ってラクするのは誰か？　間違いなく私ですよ。なにしろ教えないで済むんだから。では、自軍の選手を育てないで、そういうふうにどんどんトレードしていったらどうなるか？　馬鹿になっていくのはコーチと監督だと気づいたんです。

田原　広岡さんは、言葉でも人を育てていますね。

広岡　例えば、私がヤクルトの新監督になったときに、「監督、いまの時代はこうです、ああです」などと、以前からチームに在籍するコーチが言いにきました。でも、監督になった以上は、自分のやり方で勝ちたいから引き受けるわけです。球団だって誰でもいいわけではなく、「あいつだったら優勝するだろう」と思って監督に就任させる。だから、私は「俺の言うことを聞いておけば、優勝できる」ときっぱり言います。これは確固たる信念がないと言えない。

ヤクルト時代も西武時代も、「俺の言うことを聞け、絶対にこうやったら勝てる」と言い続けてきたから、工藤公康や辻発彦のような監督やコーチが教え子の中から出てきた。そのことは日本プロ野球界に多少でもご恩返しができたようで、嬉しいですね。

実は第三候補だった西武の監督

田原　広岡さんは自分のやり方で勝ちたいと思い、実績も残した。ヤクルトでリーグ優勝、西武でも三度リーグ優勝し、日本一にも二回なっています。しかし常にオーナーとの関係が取りざたされた。やはり関係は悪かったんですか。

広岡　プロ野球のオーナーは勝っていれば、文句を言いません。勝ってさえいれば、「よく勝ったな」となる。ところがそれが長く続かない。

ヤクルトスワローズの松園オーナーなんか、「次は武上に監督させたいから頼むわい」ってはっきり言いましたよ、あの人。三年契約だったから「いいですよ。三年間かけて育てます。喜んでやります」と言いました。ぐっとこらえ、自分からそう言えた。しかし、それにもましてしゃくに障るのが、西武の堤義明ですよ。

田原　実は堤義明は故郷が同じなので、私はよく知っているんです。堤義明の兄貴が堤清二、この二人は非常に仲が悪かった。

余談ですが、文藝春秋っていう雑誌が、「田原さん、堤義明と堤清二の対談をやってくれ。田原さんから頼んでくれ」と言ってきた。それで、二人に対談をやらないかと尋ねたところ、堤清二は「義明は大嫌いだけど、田原さんが言うなら、まあやってみよう」と。で、義明は「やってもいいけど、もしやったら俺、あの男を殴る。殴って蹴飛ばして血だらけにするかもしれない」と言っていました。それくらい犬猿の仲だったんです。

広岡　さもありなん。彼らは異母兄弟でしょう。見事に性格も違っていたんでしょうね。

田原　広岡さんの前は西武の監督は誰だったんですか。

広岡　根本陸夫（1926〜1999年）さん。根本さんが長嶋に打診したら即座に断わられた。それで阪急の上田に声をかけたら、「やります」と言って99・99％決まっていた。それなのに、阪急オーナーの強い要請で上田さんが直前になって阪急の監督に復帰したものだから、根本さんがあわててぼくのところにやって来たんです。本当は私なんかお呼びじゃなかった。

田原　そうだったんだ。広岡さんは根本前監督と、西武のどこをどう変えたのですか。

広岡　「俺の言う通りにやれば勝てる。おまえらの好きな通りにやったら勝てない。そのことを証明してやろう」と。

田原　挑発的（笑）。

広岡　俺が責任を取る。だから、俺の言うことを聞け、と。広島のときはコーチですから別ですけれども、ヤクルトでもそうでしたね。半年は敵ですよ。

田原　選手たちが。

広岡　最初はみんな、冷ややかな目で見る。それがだんだん勝ち出したら変わってくるんです。でも最終的に、全面的に信用するかどうかと言えば別ですよ。

田原　なぜ、堤義明は広岡さんを切ろうとしたんですか。

広岡　ぼくと堤が「野球とは……」という話をしていると、管理部長の根本さんが「堤さん、時間でございます」と言って、話をさせないんですよ。

田原　何で⁉

広岡　いや、それがわからない。「東スポなどの夕刊紙にフロント批判を書かせたのはおまえだろう」と根本さんが言うから、「根本さん、辞めてあげましょうか」と言ったら、「おお、辞めてくれるか」と喜んだものね、根本と坂井（保之）の二人して。内心「辞めてやる。こんな嫌なチーム誰がやるかっ」と思いましたよ。

初めてのパ・リーグ球団だったので、本を買って読むなどして、親会社の西武のこともいろいろと調べました。クリーンなイメージで、きちんとした経営方針で社員教育も行き届いている。自分の好みにも合うので、できるだけ意に沿うようにしてやったんですけどね。四年間で三度のリーグ優勝、二度の日本一という結果を残したにもかかわらず、五年契約を一年残して退任しました。「西武のイメージ通り優勝したのに、何が悪いんだ！」。こう、いつか根本さんに訊こうと思っていたのに、死んでしまった。あの人はね、時間が経つと比較的素直に言うタイプなんですよ。でも、もう訊けない。

田原　堤義明は広岡さんの話を聞く耳を持っていなかったんですか。

広岡　聞く耳を持ってないのか、聞かせないのか。とにかく根本が全部仕切ってたから。

田原　堤義明はあまり頭は良くないけれども。

広岡　アハハハハ、賛成！

田原　それでね、部下連中がダメすぎるんですよ。日大アメフト問題じゃないけど、西武は堤義明が言うことを、何でも「その通りです、その通りです」って言うね。

広岡　優勝させて「西武はこれで全国区になった」って私たちは言ったのに、堤義明がなぜ根本や坂井を応援するのかがわからなかった。おまえも早稲田だろ？　って。

田原　やっぱり堤義明は、悪く言えば主体性がなかった。オヤジがやったことを自分で真似ようと思ったんでしょう。

指導者には参謀が必要

広岡　話は変わりますが、あの名監督と呼ばれた西本幸雄さんは三つのチームの監督を通算で二十年間も務めて、八度もリーグ優勝した。ただ日本シリーズで一度も勝てなかったのは、あの人が参謀を置かなかったせいだと思う。

田原　どういうことですか？

広岡　参謀を置いて、参謀を利用すればいいんです。「こうですよ。西本さん」って言う参謀がいて、「そうか、うん、これは利用できるな」って意見があれば採用する。

田原　広岡さんは参謀を使いましたか。

広岡　森祇晶をヘッドコーチに使いました。あいつは頭がいいんですよ。だけど残念ながら、見ることはできるが、教えることができない。

田原　頭はいいけど、教えることができないってどういうことですか？

広岡　森に、「おまえな、人間というのは、良い面と悪い面の両方を持って生まれてきてる。おまえは悪い面ばっかり指摘するけど、たまには選手にいい点も言ってやれよ」

と言うと、森がこう言ったんです。「広岡さん、ぼくのことわかってますねえ。実はぼく、そういうのが苦手なんですよ」って。それじゃ、人は教えられない、育てられません。

それで全部私が直す。例えば、松沼兄（博久）には正しいフォームで投げれば長持ちするから、そうしろって言いました。毎日特打をやっても、思うように打てないと悩んでいた秋山幸二には、「日本刀で藁《わら》を切ったらいいよ」とアドバイスをしました。何も考えず、無邪気にパーンと切る。そうしたらプツンと切れる。それと同じように、バッティングも無心でストライクをパーンと打てばいい。考え込んで理屈っぽく打とうとするからダメになるんです。

田原　理屈はダメなんですね。

広岡　ただ、理屈を知っておく必要はありますけどね。

残念な清原のこと

田原　これも、指導者の目から見ると、ということで伺いたい。清原はどうしてダメになったんですか？

広岡　清原はもっとやろうと思って、クスリに手を出したんでしょう。彼は私が西武の監督を辞めた翌年、１９８６年の入団です。

田原　プロ入り一年目からえらく成績が良かった。

広岡　清原が西武に入ったときに、コーチ陣は「西武とは何かということを清原に教えましょう」と新監督の森に言った。そうしたら森監督がいい格好して、清原の言いなりにさせた。そこで間違ったんですよ。

　１９９７年に巨人に行ったときには、清原は結果を出そうという気があったから、困っていたと思う。しばらく二軍に行って、みっちりやり直したほうが清原のためにもなったのに、長嶋監督が「三顧の礼を尽くして来ていただいた清原を二軍にやることはできません」と私に言いましたからね。その処遇で、かえって清原は追い詰められたと思う。

彼は悪いヤツじゃないんですよ。センスがあります。

田原　いや、才能もあると思うしね。能力はとても高い。

広岡　やっぱりいまは、指導者に指導能力がない。まず、人の能力を信じないし、どうしたら人の能力が出るかについての方法を具体的に言えない。そして信用して人を使うことが下手なんです。

田原　清原に対して、監督やコーチがちゃんと怒ることができなかった。

広岡　だっていまの監督やコーチに「これは！」という人物がいますか。

田原　私にはわかりません（笑）。

広岡　こいつはやるなっていうのは本当にいません。いまの監督はほとんど、私らが教えた子たちなのに。

田原　改めてお伺いしたい。才能がある人間だけが、プロ野球の世界に入れると思うんですが、そこで長続きする選手と花が咲かない選手とでは、どこが違うんですか？

広岡　「このポジションに命を賭ける」という意地があるかどうかでしょうね。ところがいま、そういう選手がいない。使う側も悪い。内野でも外野でもどこでもＯＫ。ユーティリティープレイヤーが便利でいいと言うけれど、単に監督にとって便利なだけですよ。ユーティリティープレイヤーの存在は、現在の日本プロ野球の守備レベルの低さを如実に物語るものです。

田原　「おまえは、このポジションのために生まれたんだから極めてくれ」、さらには「もしできなかったら辞めてくれ」と選手に言える監督がいますか？　いないでしょう。

広岡　「辞めろ」という言葉を使う監督は、最近はいませんか。

いない。「これができなかったら、辞めろ」と言えば、「よーし！」と奮起するものです。考えるし、いろんな努力もする。それなのにあるときはショート、あるときはサード、または外野。そんな中途半端なことをしていたら、選手が成長する機会を逆に奪っているようなものです。

不可解なイチローのこと

田原　野村克也氏の新刊に「私はイチローが好きではない。しかし、彼の才能に最初に目をつけたのはこの俺だ」と書いてありました。広岡さんから見たイチローは？

広岡　イチローには一度会ったことがあります。帽子を後ろ前にかぶって鍋料理を一人で食っていた。変わったヤツだなと思ったけど、バッティングは確かにすごい。それから「国民栄誉賞をやる」って言われたとき、「現役のときにいるものか」と突っぱねた。ああいうところは見どころがありますね。

田原　メジャー野手最年長の四十四歳になっても、まだまだ頑張ってると感心していたんですが。

広岡　イチローが偉いなと思うのは、あの年までガーンと落ちずに頑張って、いろいろトレーニングしてること。彼が努力をして、ヒットの数とか記録を作ったのは偉い。ただ、アメリカ人というのは小さいヒットを好まないんですよ。豪快に打つ選手を好む。

だからぼくがいつも言うのは「惜しまれて辞めろ」ということ。昔、カープにいた小早川毅彦は「こんな一球が打てなくなった。落ちたな」と言って辞めた。それが日本人の姿だった。だから惜しまれて去れ、と。阪神の鳥谷敬みたいに、連続出場記録が何だっていうんですか、出たら三振してるのに。

私は四十、五十歳まで現役を続けることを、偉いとは思わない。後半は頑張ってもレギュラーになれなかったでしょう。レギュラーになれないままベンチにいるのは給料泥棒ですよ。惜しまれて去ったほうがいい。

田原　2018年の春、イチローがチームと変な契約をしたでしょう。引退しないままマリナーズの「球団会長付特別補佐」になった。試合には出られないが、ユニフォームを着てベンチ入りできるそうです。不思議な処遇です。

広岡　日本の新聞をまんま信じちゃだめです。マリナーズの会長付特別補佐って、日本人向けに言ってるだけ。あれは、アメリカ人が賢いんです。来年(2019年)のメジャー開幕戦は日本で行われます。マリナーズとアスレティックスが来日するんですよ。そのときにイチローが見たくて、日本のお客がたくさん来ると当て込んでいる。

田原　だけどイチローは試合には出られない。イチローにとってはどうなんですか。

広岡　金でしょうかね。だって、ゲームに出られないのに契約する選手がいますか？

田原　金なんてもういらないでしょう。いっぱい持ってるんだから。

広岡　年金が年間二千万円から三千万円あるんですよ。死ぬまで、悠々自適です。

田原　やっぱりイチローは少しでも長く大リーグにいたいんですかね。日本に帰ればどこの球団だってウェルカムだろうに、なぜ引退じゃないんでしょう？

広岡　日本より向こうで生活するほうがラクだと考えているのかもしれない。金はあるし、住まいはあるし、向こうのほうが考え方も人間関係も合理的だし。

田原　それはまあ、アメリカのほうが合理的でしょうね。

広岡　私は以前からこう言ってきました。「イチローは一刻も早く惜しまれながら辞めて、第二、第三のイチローを育てたほうがいい」と。だって辞めてからの人生のほうが長いんだから。イチローは、実にいいバッティングをしている。しかも真面目。日本野球界の発展のためにも、そういう才能を育成に注ぎ込んでほしい。「あれだけの実績を残しただけあって、やっぱりイチローはいい選手を育てるな」というふうになればいい。

しかしどうなんだろう、イチローは日本に帰ってくる気がないのかな。日本に帰ると、もろもろ煩わしいことに巻き込まれそうだと思っているのかもしれない。

イチローのことは、神のみぞ知る、ですよ。

相撲の八百長は「礼儀」

田原　ところで広岡さんは、暴行事件から始まった相撲協会の騒動、どう見ていましたか。貴乃花はその後、相撲界の六つ目の一門だった「貴乃花一門」（現「阿武松グループ」）を離れ、無所属になってしまいましたが。

広岡　貴乃花親方は言うべき時期を間違ったね。言って悪いことではないけれど、場所中にあんなことやるべきじゃないですよ。診断書を出してもいい時期に、文句を言えば良かったんですよ。

田原　貴乃花は、モンゴル勢が、八百長をやっているのが気に入らなかったんですね。

広岡　八百長なんか、前からやってるでしょう。七勝前後になったら、後半は星の売買を疑わせる取り組みが多い。私は相撲中継を観ていたら「これは八百長、これは違う」って、ほとんどわかりますよ。

田原　そこが、相撲と野球の根本的な違いですね。

広岡　八勝で勝ち越すと、番付を維持できるというのが一つの原因です。前半は一生懸命やって、あとはわからないようにやればいい。

田原　原因ははっきりしています。つまり、モンゴルから日本にやって来た連中は日本でちゃんと金を儲けたい。そのために日本に来ている。だからそこそこ勝って、あんまり負けないように加減をしている。はっきり言えば八百長ですよ。

貴乃花部屋の貴ノ岩は、モンゴル出身にもかかわらず、それにまったく参加しなかった。だから言ってみれば、一人だけ参加しないヤツを集団リンチしているんですよ。ところが、どの新聞もどのテレビも集団リンチと言わない。なぜ言えないんですかね。

広岡　あれは相撲協会のお偉方が勉強不足。貴乃花のほうも警察に被害届を出したって警察は何一つやらないのに。

田原　私はわりに相撲に詳しいほうなんですが、付き合いのあるジャーナリストが、「実は相撲は難しい」と言うんですよ。プロ野球は真剣勝負ですよね、しかし相撲はあんな大きい力士たちが本気でぶつかったらケガ人だらけになる。だから、みんながある程度手加減していると。ただ、どの程度以上の手加減が八百長で、どこまでの手加減だったらいいのかという判断が非常に難しいんだって。

広岡　その場合、八百長という言葉は良くないね。あれは礼儀。

田原　礼儀ね（笑）。うん、相撲はプロレスなどと同じ〝興行〟ですからね。プロ野球も興行ですが、成り立ちがだいぶ違う。例えば、相撲やプロレスはオリンピックの種目にはない。それを貴乃花はどうも、プロ野球と同じように考えてやろうとしている部分も感じる。そうした矛盾もあるんでしょうね。

広岡　モンゴル勢のことをとやかく言う前に、もっと日本人が横綱になってみろよと思う。いま日本人の横綱は稀勢の里だけでしょう。しかも欠場が多い。体型的にも日本人力士は首がどこにあるかわからない。あれは絶対トレーニング方法の間違いですよ。やっぱり昔ながらに四股を踏んで、鉄砲、股割り、すり足を繰り返す稽古をしなくては。

田原　基礎練習ができてないですね。

広岡　いまは野球界も一緒。ウエイトトレーニングばかりで、走り込みが全然足りない。巨人軍の選手なんて、みんな太ってる。

田原　そういえば昔の相撲取りと最近の力士は体型が違いますね。

広岡　昔は八百長も非常に上手にやっていましたよ（笑）。土俵際まで寄られても、また「のこった、のこった」と押し返す。それを二、三度繰り返して、満場の拍手を浴びていました。いまはたいがい一回でしょう。それもポーンと土俵から飛び降りたりしてね。

田原　昔は相撲取りたちも、一所懸命に八百長をしていたんですね、いまは手抜きの八百長なんだ（笑）。

広岡　例えて言うなら、手品の種明かしをしてもらっても全然わからない。それがプロというものですよ。

田原　大相撲界には広岡さんみたいな人はいないんですかね。

広岡　そう言いますけど、田原さんはプロ野球ってみんなフェアでやっとると思います？　インチキ行為はありますよ。インチキを始めたのは三原脩（１９１１〜１９８４年）さんです。

電波あり盗聴器ありのカンニング合戦

田原　どうインチキなんですか。

広岡　その前にひとこと言っておきますが、「インチキしている」と言ったら、プロ野球が面白くなくなります。ファンもがっかりしてしまう。ぼくらは当時インチキをさせないために、「インチキを見つけるぞ」という抑止力になろうとしていた。だからそういうつもりで聞いてくださいね。

田原　わかりました。

広岡　三原さんは「この次は誰が出てくるぞ」と予言者みたいに全部当てるので有名で、当時「三原マジック」と呼ばれていた。しかしそんなマジックなんかあるもんかと研究したら、ヤクルト時代の三原さんは相手のベンチに盗聴器までつけていた。これが「三原マジック」の正体だったんです（笑）。

田原　盗聴器をつけられていることを、相手のチームはわかってないんですか？

広岡　ほとんどの選手は知らないでしょう。ヤクルトコーチ時代の武上四郎がベンチのカバンの中にデータがあると思って開けたら、盗聴器があった。話が全部筒抜けです。

田原　プロ野球ってそんな世界だったんですか⁉　だけど、カンニングして勝てるなら、やったほうがいいんじゃないですか。やっぱりプロ野球というのは、勝つためにやるものでしょう。

広岡　いいや、私が十三年間巨人にお世話になっている間は、一切そういうことはなかった。そりゃあプロの選手ですから、相手チームのサインを盗んで、次にカーブが来るか、まっすぐが来るかがわかっていたら打てますよ。田原さん、勝つためならいいといっても、ラクして結果を出そうとするのがカンニングでしょう。

田原　いや、失言でした、ごめんなさい、やはり広岡さんは、勝つとしてもフェアな勝ち方をしなければいけないと。

広岡　そりゃもう当然ですよ。特に監督やコーチなどの指導者は、若い選手を親御さんからお預かりしているわけです。選手たちが立派な社会人として、プレーや行動に不自然な点がないか常に目を配り、八百長や野球賭博に手を染めないよう未然に防いで、正しい道を進むように導くのが指導者の大事な役割なんです。インチキしていたら、他人にモノを言えません。

田原　人にモノを言えない。なるほど。
広岡　そういう考え方でいるほうが徳がありますよ。それをやったら自分が得をすると思った瞬間、人間はダメになる。人間、死ぬまで真面目にやればいい。たいていの人間は損得で判断して失敗するんです。それから、ある監督なんか電波を使ってたんですよ。
田原　どういうことですか？
広岡　電波で「ピピッ」と来たらストレート。「ピーン」と来たらカーブとか。選手が「監督、今日は電波ちょっと強かったですよ」なんて言うんだから。
あの頃はキャッチャーのサインをテレビカメラが映していて、それを別室で観ている専門家が、どんなサインが出たかを選手に電波で送るんです。
田原　それは選手が受信機を身体に着けていて、電波の長短などで、どんな球種が来るかわかるということですか？
広岡　そうです。私がヤクルトの監督時代、あるチームとの対戦中にデッドボールで相手選手が倒れた。一応向こうの監督に「すみませんでした」と謝り、どこに当たったのかちゃんと診てもらうために救護室に連れていこうとしたら、「いいです、いいです」って固辞された（笑）。

田原　さわらせないためですか。そうか、広岡さんの野球はどこまでもフェアプレーなんですね。ちょっと話は変わりますが、野村克也さんとお会いしたときに、守備に入ると、バッターに対していろいろしゃべりかけて攪乱《かくらん》するんだと言っていました。

広岡　ああいう行為をまた、理由なく監督が褒める。大洋の土井淳もしゃべってました。西武の片平晋作（1949〜2018年）は「うるさいんです」と言って、耳栓をして打席に立っていた（笑）。とにかくね、正統な野球をしないといけませんよ。

田原　いや、そこを聞きたい。正統な野球と正統じゃない野球の境目、フェアとアンフェアというのは、どこが違うんですか？

広岡　野球はフェアにやっているのに、事前にサインを教えるのは、カンニングして試験の点数を百点とるのと一緒ですよ。ある三冠王を獲った選手には、グラウンドをトンボで均すチーフが、プレイボールがかかるとセンターに行って、サインを教えていたんだから。ほかにも、ネット裏のスコアボードのところから盗視したり、○番ゲートのところに盗視係を置いたりして、やるんですよ。選手たちはその方角を見ているものね。

田原　それでサインはどんどん複雑になっていくんですね。

広岡　インチキ対策に登場したのが乱数表。三原さんは俺が作ったと言ってたけど、巨人で私の一期先輩の岩本堯《たかし》さんが、自叙伝で自分で作ったと書いています。

田原　現在のプロ野球は、盗聴器を使ったり電波を使ったりするインチキをしないで、フェアになっているんですか？

広岡　私は「平和なときこそ注意しろ」とよく言います。首脳陣はカンニング防止のために、嘘でもいいからスタジアムに望遠鏡を持って入り、挙動不審者がいないかどうか、外野を見るようなフリをしたほうがいい。

ある試合の前に、「おい、あそこに変なのがいるぞ」って言うから、「ぼく、ちょっと見てきます」って望遠鏡を片手に行ってみたら、三人逃げていったものね（笑）。

その頃は部屋でミーティングすると全部裏をかかれていた。だから、部屋で戦術の話をするときは嘘を言って、本当のことはグラウンドでしゃべるようにしていました。ほんとにもう、油断なりません。フェアにやってると思ったら大間違いです。

田原　現在もそうですか？

広岡　現在平和だから、用心してないぶんだけ危ないと思う。

こういうことを言うのも、球界が良くなること、ファンに愛されることを願う気持ちからです。批判じゃない、批判はダメです。

「敵の大将を殺せ」というのは当たり前——日大悪質タックル問題

田原　最近話題になった日大アメフト部の悪質タックル問題の話も伺っておきたい。広岡さんはどう思われましたか。

広岡　田原さんね、ボールを持ってないヤツがふ〜らふ〜らして、タックルを食らったわけでしょう。ケガするのが不思議ですよ。ふ〜らふ〜らする選手を作るほうが悪い。

田原　え？　必要のないタックルで関学の選手がケガをした。ケガするほうが悪いと？

広岡　いや、もちろん、危険タックルをした日大の選手は悪い。ただ、スポーツ選手たるもの、常に四方八方に氣を配り、氣を出しているのが当然です。ボールを投げた直後であっても、どこから攻撃されても対応できる訓練を積んでおく必要があると言いたい。さらに言えば、監督が「敵の大将を殺せ！」というのは当たり前です。

田原　ああ、そうですか……。指導者が、相手を殺せ、ケガをさせろと言うのは当たり前ですか。

広岡　昔だったら、殿様が斬られたらその国は滅びるのと同じです。私は昔阪神タイガースの人間に「どうしたら巨人に勝てますか」と聞かれて、「ああ、森祇晶を殺せ」と言いました。

田原　殺してどうするんですか?

広岡　殺せっちゅうのは、キャッチャーの森がいなくなったらということです。キャッチャーがいなければ、ピッチャーは死ぬじゃないですか。

田原　だから、森を殺せというのはどういうことですか?

広岡　打つときにポーンってぶつければいいじゃない。

田原　あ、森に。どこにぶつけるんですか。

広岡　どこでもいい。試合に出られんようにすりゃあいいんですよ。

田原　広岡さん、そんなこと言ったんですか。森を出られないようにしろと。

広岡　勝ちたいなら、そのくらいの気概がないとダメだ、ということです。

日本ハム戦のとき、江夏が出てきたら、おまえたちはいくら努力しても負ける。「どうするか?」と選手たちに聞いたら、「練習あるのみです」と言う。でも江夏はそれより上だ。ただ江夏は投げるのは一流だけど、守備はゼロだから「プッシュをやれ」と。

田原　プッシュってどういうこと？

広岡　ピッチャーに向けてコーンとやるプッシュバントです。江夏は太ってるから、投げて一歩前に出るとヨロヨロッとするんだよね。だから両サイドじゃなく正面を狙う。私らは「ピッチャーを潰せ」と言いますよ。大将を殺したら勝てる、簡単ですよ。

田原　あの日大の宮川選手が、相手の選手にぶつかってケガさせるのは当然ですか。

広岡　野球で言えば、ぼくらがピッチャーのところに行って、「担当コーチの言う通りに放れ」と言うとね、「いやー、当てたらかわいそうです」とピッチャーが言う。「当てたっていい。俺が責任持つ」と言ったって、当てずにギリギリのコースを狙って、何でもないアウトボールを放りますよ。だから「当てて殺せ」という意味じゃないんです。

田原　ただね、相手にケガを負わせた。これはどうですか。ケガさせてもいい？

広岡　本来的には、何も持っていない相手に食らいつくというのは卑怯ですよ。論外です。しかし、おかしいと思いませんか。ああいうときに審判がどうして出てこないんですか、審判が。審判はルールを守らせるためにいるんですよ。

田原　ああ、そのためね。

広岡　その選手が、球を持ってない相手にタックルしたら「そういうことは君、いけない。ルール違反だ」とタイムをかけ、監督に「もう一回やったら退場、おまえのチームを負けにするぞ」くらい言えばいいじゃない。恐らく、普段から日大は反則ギリギリの攻撃をしていたはずですから、その都度、審判が「危険プレーをやめなさい」と注意をしていれば良かった。そうすれば監督やコーチ、選手にも「危険行為はダメ」という意識が芽生えたはず。反則をいかに防ぐか、という文化を皆で作っていかなければ。これは野球も同じです。

田原　そうだ。審判は何してたんだろう。

広岡　審判がルールを尊重して、「一発退場！」とぱしっとやればいい。テレビが判定するんじゃないんです。

田原　日大の指導者たちはちっとも悪くない？

広岡　ああ、ぼくらにとっては当たり前です。それで勝てなかったら上の人が「おまえら二人はダメだ」と言ってクビにすりゃいいだけのこと。

田原　ああ、内田正人監督や井上奨コーチをクビにする。

広岡　それで終わりです。

田原　何で日大は監督、コーチを懲戒解雇するまでにこんなに時間がかかったのですか。

逆に日大の学長をはじめ、監督、コーチのための弁解ばっかりしてきたじゃないですか。

広岡　あの人たちは集団スポーツをしたことない連中ばっかり。テレビの餌食になっているだけです。

田原　テレビの餌食ってどういうことですか。

広岡　テレビの視聴率が上がっているだけ。何も、一つも、解決するヤツが出てこない。どうして第三者、警察なんかに言うんですか。警察は正直言ってね、「適当にやってくれ」と思っているはずです。調書だけは丁寧にとりますよ。でも体裁を整えるだけで、本気でやりはしませんよ。

田原　でも、警察は傷害罪でやるんじゃないかと言われてますよ。

広岡　やるもんですか。このマンションを建てるときに先の角にやくざのクルマ屋がいた。それが建設を邪魔するんですよ。それで警察に行ったら「警察は民事にはタッチしません。何か事件が起きたら対応しますので、言ってください」と。役立たずが（笑）。

警察は、今回の日大のようなのは迷惑ですよ。あれだけ理事みたいなのがたくさんいて、なかなか解決しなかったのは、バカばっかりだからですよ。

田原　関東学生アメフト連盟が内田監督と井上コーチを除名したでしょう？　あれはど

ういうことですか。

広岡　除名はそれでいいけど、一般の視聴者は「何か悪いことをしたから、この二人は除名になった、懲戒解雇になった」と思うでしょう。でもそう思ったら間違いですよ。

田原　そうすると、内田監督と井上コーチは実は間違ったことはしていない？

広岡　ああいう言い方は当たり前。指導者が「ああしろ、こうしろ」と言ったら素直に聞くのが弟子ですよ。

　大学スポーツでは、学生が社会人になったときに「こうすれば勝てる」ということを四年間で教えるべきだと私は思う。それをいちいち言葉尻つかまえてね、「こう言った、ああ言った」とやっていてもキリがない。そんなことやってたら政治家になっちゃう、本当に（笑）。だらしないよ。

田原　ねえ、日大も悪いけどね、モリカケ問題でよく似たことをやっている安倍晋三は、もっと悪いね。

広岡　その通り（笑）。

田原　森友や加計の問題で安倍首相が言っていることを、国民のほとんどが嘘だと思っている。誰も信用していない。誰も信用していないのに、安倍総理大臣がクビにならないじゃないですか。何ですか、これ。

広岡　あんなの私だったらとっくにクビです（笑）。もっとね、庶民を幸せにする。幸せにするということはラクをさせることではない。やるべきことをやらせなきゃ。

田原　だけど、むちゃくちゃやっている安倍晋三が、9月には三選ですよ。

広岡　さすがに三選の前にクビにするんじゃないですか。推薦しないでしょう。

田原　いや、自民党は平気で推薦しますよ。

広岡　ああいう制度をやめたらいい。誰も知らないもの。ぼくらは田原さんの話を聞いていると「へー、そうか。インチキだったのか」って思うもの。

田原　だって野党はダメだし、新聞もテレビも、安倍のことを「悪い」と言わない。

広岡　言えばいいんですよ。根性がないよ。

田原　なぜか言わない。

広岡　ぼくなんか川上哲治に文句言いながら十三年間もやってきた（笑）。

田原　そこが広岡さんは偉い。

広岡　そうしたらファンがついた。「頑張れ、頑張れ」って。でも川上さんは偉い。

田原　どこが偉いんですか。

広岡　先にも話しましたが、私を呼びつけて「俺はこのへんしか捕らん、ここはよう捕らんぞ」と言った。若かった私は「はい」とは言えない。「ヘタなところを練習せい！」と言った（笑）。それからずっと嫌われました。

しかし、あの人が監督になったときも呼ばれて、「監督になった以上はチームが勝たにゃいかん。いままでのことは忘れて、頼むで」と言われた。本当に立派な人です。

田原　日大の問題で関東学生連盟の人間たちが言っていることを聞いて、違うなと思ったのは、「やれ」というのは上から下への一種の命令になる、もっと話し合いをしないといけない、と。しかし、それこそ政治の世界じゃあるまいし、話し合いなんかで、あんな格闘技みたいなスポーツがやれるのか、と。

広岡　スポーツを危ない、危険だと言い出したらもうダメ。やめたらいいんです。本当に日本は平和ボケ。要するに、人間がどうやったら一番強い身体になるかということを教えてない証拠。私は「基本に帰れ」って、いつも言うんですよ

田原　それはまあ広岡さんにとっての合氣道のようなものですね。

広岡　そう。氣を出せよ、氣を出せ、と。

クスリを飲まずに病気を治す

田原　あのね、日大の問題でいうと、私はやっぱりああいう真剣勝負にしては、日大も関学も、それに対する態勢ができてないと思うんですね。

広岡　できてない。

私はね、スポーツでも病気でも、問題が噴出すればするほど、面白いなと思う。どんなことにもいい面と悪い面があって、もし悪いほうに直面したら、結局それをどうするかが問題。

例えば病気です。われわれは生まれたら必ず死ぬんですよ。人生の前半は元気だけど、だんだん年をとると病気をする。それを「病気が教えてくれているな」と思えるか、思わないかが非常に大事なことなんです。

田原　どういうことですか。

広岡　病気が「あなたの生活が間違っているから病気になったんですよ」と教えてくれる。だから自分でその原因があれかこれかと反省して、間違っているものをやめればいい。それを人間というのはラクしたいという欲があるから、好きなようにやって、なおかつ治してくれといって病院に行くんですよ。そんなことで治るものですか。医者なんか自分が病気したら、おどおどしますよ。一番おどおどするのは医者ですよ（笑）。

田原　広岡さんは病気になっても病院には行かない。

広岡　ぼくは五十二歳くらいで痛風になりました。痛風の専門家を中西太が紹介してくれた。その先生に「痛風って、どうしてなるんですか？」と聞いたら、「正直言ってわからん」と言われた。美味しいものの食べすぎだとか言うけれど、本当のところはわからない、と。「先生、ぼくはクスリを飲むのが嫌いです。飲まずに治しますから見ていてください」と言ったら、その先生は偉いんですよ。「よし！　その意気はいい」と。治りましたよ、クスリ飲まないで。

田原　へえ、クスリ飲まないで、どうやって治ったんですか。

広岡　いや、普通の生活をすれば治る。「痛いのは、あれが原因かな、これが原因かな」などと、思いわずらうのをやめればいいんですよ。そうしたら治りました。

田原　どういう生活改善をしたんですか。

広岡　そのときは、巨人時代からの天風師の教えで、血液がすべて、血液をきれいにすればいいんだっていうことはわかっていた。ただやっぱり野球をやっているとストレスがたまります。弱アルカリ性の良い血液が、ストレスのせいで酸性に傾いたりするんですよ。だから考え方を極力変えよう、こういうものはやめよう、と努力しました。あのとき酒もやめればよかった。

田原 え、どうしてここで、いきなり酒が出てくるんですか。

広岡 七十歳を過ぎたら、機械と一緒で人間の部品も傷む。特に心臓と腎臓は弱るらしい。それで医者から「ザイロリックだけは飲んでくれ」と言われたので飲んだんです。ところが脳溢血に見舞われた。大脳出血でした。その後、先生が血圧が高いと後悔するからと言って、血圧を正常にするクスリや、高血圧の原因を抑えるクスリなど合計三種類を飲まされた。そうしたら今度は小脳がおかしくなった。

　言われた通りにクスリを飲んで三年経った頃、「先生、私は死ぬまであんたが言うクスリを飲むんですか」と言ったらね、「これ、いいクスリだけどな」と笑っていた。それからぼくはクスリを飲むのを全部やめました。でもこうやって、まだ生きています。そのときに身体に悪い習慣といえば、酒しかなかった。刺身と一合七勺の晩酌が楽しみだったんですよ。酒をやめてもう六年になりますが、まったく飲みたいと思わない。

田原　うんうん。

広岡　俺は血をきれいにするものを食べている、考え方はプラス思考だ、寝るときにはつまらないことを考えない、自分は間違っていない。そう思っているだけで、内臓も全部正常に動いてくれるんです。病気になって死ぬときは、それらの機能が停止したとき。天命がいつの日か尽きるのは、人間として自然なことです。

医者も、「インフルエンザが流行っているから予防注射をしましょう」じゃなくて、それ以前に、病気にならない身体をどうやって作ったらいいかを教えてほしい。肉体だけを対象に診るのではなく、患者の精神面も含めたケアをして欲しい。またクスリは病気を治すものではなく、症状の進行を止めるもの、治すのはあくまで患者本人だということをちゃんと伝えてほしい。病院に行かないほうが元気になるっておかしいじゃないですか。野球でも、実は野球選手だけでトレーニングしているほうがケガをしません。○○トレーナーとかいう専門家が、いればいるほどケガをする。

警察も同様です。机上の勉強ばかりして、何か事件になったら対応しますと言うのではなく、未然に犯罪を防止することに、もっと神経を注いでほしい。私は、「医者の少ない町は病人が少ない。交番の少ない町は犯罪が少ない」とよく言っています（笑）。

選手任せの監督ばかり

田原　広岡さんは合氣道に学ぶところが大きかったと思うんですが、いまの若いプロ野球選手はどうして合氣道など、野球以外での鍛錬をやってないんですか。

広岡　やらなくても「プロだ」と言われるからいけないんです。

田原　そこなんですよ。ぼくはね、広岡さんの話で一番面白かったのは選手をどう育てるかです。現に広岡さんは何人も選手を育てたのに、いまは育てる指導者がいない。どうしていなくなっちゃったんだろう。

広岡　巨人を例に挙げれば、「いい選手だな」と思う連中を、金と名前でフロントは獲る。巨人は勝って当然、勝たないとファンが怒るから、いい選手らしいのを獲るんです。ただ高橋由伸なんかいい選手を獲っていながら四位とかに甘んじているでしょう。あれは采配が選手任せだからです。

田原　監督が選手任せ。

広岡　うん。だから外国人選手なんか舐めているから、三番、四番を外国人が打っているけど、あんな打ち方が間違っていることすら監督がわかっていない。

田原　何で監督が選手任せになっちゃったんでしょうね。

広岡　そのほうがラクだもの。「頼むぞ、頼むぞ」って。

田原　ラクだけど、勝てないってハッキリしてるじゃないですか。

広岡　それに気がつかないのが、いま流のヤツら。一番の原因は三位まで権利があるという制度を認めたコミッショナーが悪い。

田原　どういうことですか、三位までって。

広岡　クライマックスシリーズのことです。レギュラーシーズンで、大差でリーグ優勝した広島が、三位のＤｅＮＡに負けるんですよ。勝つのがあほらしくなります。

そうやったらお客が来ると思っているんですよ。確かにしばらくは来るでしょう。しかしそのうち飽きが来ます。それが五年先なのか、十年先なのかはわからないけれども。中学生が野球部を辞めてサッカークラブに行っているのに気がつかない。

田原　いま日本ではやっぱり野球よりサッカーのほうが若い人には人気がありますね。小中学校の野球人口は、ここ十年間で約六十六万人から約四十九万人に減り、２０１０年に全国で約一万五千あった少年野球チームは、２０１６年には約二割減の一万三千チームにまで減少したというデータもあります。

広岡　そう。こないだ運動具屋さんに聞いたらグローブ一つが七万円もするんだってね。そんなに道具に金がかかっていては、少年スポーツの世界で、ボール一つで練習できるサッカーの人気に野球が勝てないのは、田原さん、当たり前だと思いませんか。七万円のグローブの原価は五千円くらいですよ。ぼくが監修して作らせている広岡タイプの内野手用グローブは定価二万円です。

でも五千円の原価のものを七万円で売って、それで運動具屋たちが儲けてる。そういうのも一番上のコミッショナーが全部悪い。そうでしょう？　一番上がしっかりしておったら、社員は全部しっかりする。だらしない上が来たら、下もみんなたるんでくる。一緒ですよ。

「ラク」に蝕まれていく選手の質

田原　誰でも、ラクをしたいと思っています。広岡さんもきっと、若いときは「ラクしたい」と思ったことがあったはずです。いつから「ラクはダメだ」と思うようになったんですか。

広岡　監督になってからです。選手たちは監督に文句ばかり言ってくる。それでも上手くはなりたいんですよ。それで「上手くなりたいなら、やるべきことをやれよ」と言うんです。でも、彼らはやるべきことをやるのが面倒くさい。

田原　やるべきことってどういうことですか。

広岡　ボールを捕るのも、足を使ってちゃんと移動して身体の真正面で捕る。バッティングであれば、実際の試合ではどんな球が来るかわからないんだから、来た球を打つ。身体が即応して動くよう、基本に忠実に、反復練習を繰り返すのが、やるべきことです。

いまは逆にラクな捕り方をコーチが教える。ラクに捕ると守備範囲が狭くなります。身体の真ん中で捕球するのが基本ですが、それでも人間だからエラーをすることはある。

しかし、エラーをしてもボールを身体に当てて前に落とすのが、本当のプロの守備です。

田原　何でそういうことを言ってくれる人がいないんですか。

広岡　知らないから。次元が低いんです。私たちは捕球したら、一回身体の中心にグラブを持ってきて、そこからスローイングしていた。いまの選手たちは捕った場所からそのまま投球動作に入るから暴投するんです。まったく基本がわかっていない。

田原　いつからわからなくなったんでしょうね。

広岡　私らの世代以降がどんどん卒業していく度に、ラクをするようになったんですよ。それでわかる人がいなくなった、情けないよね。

ヤクルトに私と同じ苗字の廣岡大志という内野手がいます。いい素材の選手だから責任重大だと、コーチをしていた水谷に言って、私の使っていたグローブをあげた。それで、「絶対に人差し指を抜くな」と教えました。

最近はグローブから人差し指を抜いている選手ばかり。なぜかと聞くと「痛いから」と言う。何のために神様は人間に五本の指をつけてくださったんですか。五本指でしっかり捕って、痛くない捕り方を身体に覚え込ませればいいのに、それをしない。「いや、プロ選手はみんなこうやってますから」と言う。運動具屋連中もわざわざ人差し指を出すように、別の革を貼ったグローブを作って売っています。あっちもこっちも馬鹿ばかり。それなら、みんな捕りやすいファーストミットを着けて野球をやればいい。

田原　これも基本ができていない一つの例ですか。

広岡　私たちの時代はみんな五本指のグローブを尻に敷いて平らにしたものです。グローブを深くしたら送球が遅れるから。いまのグローブは袋みたいなものだから、捕球の角度が間違っていても捕れることは捕れるけれども、あれは間違ってる！

田原　広岡さんの頃は、袋ではなくて板みたいな感じでしたか（笑）。

広岡　直すところはいっぱいあるから。私に監督をさせてくれたら、最下位がすぐにでも優勝するよ。ホント（笑）。

田原　なぜ現在のプロ野球がそんなにダメになっているのに、監督やコーチたちは先輩の広岡さんのところへ教えを請いに来ないんですか？

広岡　いまはそういう時期ですよ。終戦までは「大和魂」というものを日本人は持っていた。それをマッカーサーが壊した。

田原　うんうん。アメリカに壊された。

広岡　責任観念がない、文句ばかり言う日本人が増殖してしまった。

田原　責任観念がない人たちに、どちらかと言うと、広岡さんは煙たがられているんじゃないですか。うるさいって（笑）。

広岡　選手のおじいちゃんやおばあちゃんは、「広岡さんに教わったの。大したもんね」と言ってくれるそうですが、若い人は私が誰だかわからない（笑）。本当にイライラするけど、イライラしたら損ですから。

私は結局、巨人を倒すのが人生の目的でした。ヤクルトで日本一になっても、実は嬉しくなかった。相手が巨人で、しかも監督が川上さんだったらどんなに嬉しかったか。巨人と西武が日本シリーズで戦ったときも、藤田監督ではなく、川上さんが監督のときにやりたかった。私の理論は川上より上だっていうのを証明したかったんです。そのために、人生のすべてをかけて勉強した。

田原　川上というライバルがいたから、広岡さんは頑張れた、と。

広岡　アメリカのドジャースのキャンプに行ってまで意地悪されたけれど、ああいう人がいないと、人間というのは堕落します。私は川上さんの存在を超えたくて、アメリカに留学もしたし、セ・リーグ、パ・リーグ両方で日本一の監督も経験できた。最高の敵のおかげで、豊かな人生を歩ませてもらったと、いまでは本当に感謝しているんです。

第五章

野球の未来、日本の未来

忖度御免。真剣勝負で生きてきた

田原　いまの世の中は「忖度」の時代です。森友学園へ国有地を格安で売却した問題、その過程を記録した公文書を財務省が改竄していた問題。また、国家戦略特区で加計学園が愛媛県今治市に獣医学部を作るに至るまでの不透明な認可プロセス問題など、全部忖度です。

政治家も官僚もみんな、「こうすれば安倍首相が喜んでくれるだろう」と忖度する。でも、私は誰に対しても忖度なんか一切したことがありません。広岡さんもそうではありませんか。

広岡　私は当たり前のことを言ってきただけだと思っていますがね。

田原　内閣には昔から、官房機密費という領収書なしで使える金が金庫にしまってあります。今年（２０１８年）亡くなった政治家の野中広務さんが生前、後世のためになればと、官房機密費の使い途の一端を明かしました。野中さんが内閣官房長官をやっていた時代、マスコミ関係者に官房機密費を配っていたと言うんです。しかし一人だけ受け取らない男がいた。それは田原総一朗だ、と。あとの政治評論家や学者、政治部の記者などは全員、受け取ったということです。

私は忖度しません。言いたいことは全部言う。広岡さんも野球界であれだけ言いたいことを言って、よく生きてこられましたね。

広岡　「こうやったほうがチームのプラスになる」と思うことは積極的に言ったりやったりしてきましたね。すべては選手を育て、チームを強くするためです。

田原　広岡さんが、野球が好きで野球に打ち込んでいるように、私もこの仕事が好きで、ある意味で天職だと思っています。だからそこでは真剣勝負するしかない。先日、二階俊博さんという自民党の幹事長から、「いま現在の日本で安倍首相に対して、これはやるべきとアクセルを踏ませたり、これはやるべきじゃないとブレーキをかけたりできるのは、田原さんしかいない」と言われました。

広岡　天職冥利に尽きるではないですか。

田原　私はジャーナリストとして、番組では全部、真剣勝負しています。実は私、過去に現職の総理大臣を三人、海部俊樹、宮澤喜一と橋本龍太郎を失脚させた。真剣勝負でね。だから持ち場は違えども、広岡さんの真剣勝負ぶりが非常に面白い。多くの人間は、人生をごまかしでやっています。広岡さんのすごさは、真剣勝負しているところです。

広岡　私はどちらかというと疑り深いんですよ。「これまで正しいと言われてきたことは、本当にそうなんだろうか」と疑ってかかる傾向があります。

例えばスポーツ選手のスタミナ源は肉で、肉を食べないと力が出ないと信じられている。しかしあるとき自然食の理論と出合い、ヤクルトのコーチ時代に自分を実験台にして一年間自然食に変えてみた。すると明らかに体調がいい。それで西武の監督になったとき（1982〜1985年）、選手たちに積極的に勧めたんです。

当時のメニューは和食から洋食、中華、全部揃っていた。「玄米ばかり選手に食べさせている」と報道されたけど、玄米は当然ありますが実は白米もあった。でも、そういうことは一切書かれませんでした。よく噛んで食べること、そして必ず翌日の午前中に食べたものを出すことを徹底しました。田淵幸一や大田卓司など、チームの主力選手が三十代半ばや三十代初めで、体質改善をしないと、それこそ力が出せない年代になっていたからです。西武では、監督に就任した1982年と翌1983年、二度の日本一を達成し、1985年にもリーグ優勝しました。

何でも自分で確かめてみる。そして良いと確信したら、野球と選手の野球人生のために惜しみなく知識を分け与える。そこは真剣勝負でずっとやってきた自負があります。

田原 山本七平さんという有名な評論家がいて、彼が私にこう言いました。「日本は空気の国だ。一番悪いのは空気を乱すことだ」と。例えば東芝が七年間粉飾決算をやっていた。あんなの役員ならみんなわかっていたはずです。でも、粉飾を指摘したら左遷されるから、誰も言わない。もっと面白いことに、企業の財務状況をチェックする立場の監査法人からも、七年間「粉飾だ」という声が上がらなかった。それを言うと契約解除になるのが怖いから言わない。それから検察。東芝なんか社長たちが三人以上逮捕されて当然なのに、検察はまったく動かなかった。検察もなれ合っている。

もっとひどいのはマスコミ。新聞もテレビも一切「粉飾決算」と言わず、「不適切会計」と言い換えた。「粉飾決算」と書いたのは、私が書いた記事が初めて。会社の上層部から、「いやー、ちょっとまずいんじゃないですか」と言われましたけど、押し通しました。みんな空気を破るのが怖いんです。

最近でも神戸製鋼、三菱マテリアルや東レの子会社など、みんな悪いことやっても言わない。言うと空気を乱して左遷されるから、みんなで空気を読み合い、本音と建前を使い分けて上手く生きていく。つまり、一種の談合の世界で生きているんです。

そういった談合の中でも、とりわけタチが悪いのがいまの政治です。自民党の議員は、安倍さんに何か楯突くと公認されなくなる。小選挙区制のもとでは、公認されないと選挙で受からない。だからみんな安倍さんのイエスマンになってしまう。

日本人は、たいてい建前と本音を使い分けるダブルスタンダードなんですよ。要するに、本当は違うことを考えていても、表面上は調子いいことを言う。そういう世の中で、広岡さんは完全に真剣勝負していることに、私は感動を覚えているんです。

コミッショナー問題——巨人軍を支配するナベツネ

田原　広岡さんが、いまの野球界で一番問題だと思っているのは何ですか。

広岡　日本のプロ野球の大きな問題は、コミッショナーに何の権限もないところです。「あなたが一番偉いんだから、野球界を良くするためにこうしろと積極的に発言すべきだ」と言うと、コミッショナーが「そんなことを言うとクビになる」と言う。誰がコミッショナーをクビにすると思いますか？　球団のオーナーたちですよ。しかし、オーナーがコミッショナーより偉いなんて、間違ってます。

田原　広岡さんが書いていらっしゃるけど、巨人軍の原辰徳監督を堀内恒夫に代えるときに、ナベツネ（渡邉恒雄、当時オーナー）さんが「会社内の人事異動だ」と言った。「これは私企業の人事異動である」と。コミッショナーにはまったく何の権限もない。

広岡　ない。だから、あのとき抗議の意味を込めて、初めて読売新聞を取るのをやめた。販売店の人が、「広岡さんにやめられたら困る」と言ったけれども、とにかく一年間やめました。田原さんは、ナベツネのことをどう思いますか？

田原　私はナベツネさんをよく知っています。二人で、十回以上会食しています。ナベツネさんと私が一致している意見があって、それは、太平洋戦争とは、パリ不戦条約違反、つまり間違った戦争であったということです。だから、ナベツネさんは読売新聞主筆なのに、天皇や総理大臣が靖国に行くことに反対なんです。まあ、天皇はA級戦犯が合祀されて以後、参拝されていませんけどね。

しかしあるとき、ナベツネさんと喧嘩になった。というか、それをきっかけに仲が悪くなった。ホリエモンこと堀江貴文が、フジテレビを買収しようとしたときです。ナベツネさんをはじめ、マスコミのトップ全員が「けしからん」とアンチ堀江になった。そのとき、私は堀江の味方をした。それで関係が悪くなったんです。まあ、余計な話ですけれども。ナベツネさんの言っていることは一応筋が通っているんだけど、問題は読売の社長をはじめとして、役員全員がナベツネさんの言うことに唯々諾々と従っていることです。

広岡　ナベツネに逆らうとクビになる。だから残ってるのはみんなイエスマンです。以前は、巨人の球団社長に就任した人が一度は私を訪ねてくれた。こうしなさい、ああしなさい、これをやったらナベツネにクビにされるよと、アドバイスをしていたものです。

そうしたら、「広岡さんのおっしゃることはよくわかります。でもぼくらはナベツネさんにお世話になって読売の本社にいた。ナベツネさんの意見に反対はできません」と、みんなが言う。そんなヤツらが野球をやってるんですから、本当に情けない。それと、ナベツネがやっぱり愚かだと思うのはね、長嶋茂雄を終身名誉監督にしたことです。

田原　ダメですか？

広岡　全然ダメです、いまの長嶋なんて二流です。彼は何も考えていない。「俺の人気でどれくらい客が来たかな？」というような目でスタンドを見渡すような男です。

それでも、ONとして現役でやってた頃は、周囲の期待を裏切ってはいけないと一生懸命だったと思う。特に入団3年目までの長嶋の守備は、眼を見張るべきものでした。私自身も大いに参考になりました。しかし、引退後に何をやるべきかと言えば、それまでお世話になった野球を良くするために動くことです。そこに野球人としての値打ちがある。

長嶋は巨人が四位になっても終身名誉監督を辞めないものね。昔の巨人はリーグ優勝しても、日本シリーズで負けたら監督はクビ。実際に、水原監督はクビになりました。

オーナーの使命、コミッショナーの本義

田原　どうして日本のプロ野球には真剣さが足りないんですか？

広岡　まず責任観念がない。監督を決めるのでも、大リーグのようにマイナーリーグで研鑽を積んでから監督になるわけじゃない。現役時代にスーパースターだったから、こいつでいいだろうというやり方です。そしてやらせてダメだったら、クビにする。これじゃあ、いつまで経っても同じですよ。ちゃんと指導者の組織を作って勉強をさせればいいんですよ。

田原　何で勉強させないんですか？

広岡　指導者の組織なんていうものを作ろうと言い出したらクビになるからです。田原さん、年間二、三千万円もらって、いい事務所をあてがわれて、駐車場もあって、それで何もしなくていいんだからラクな商売ですよ。

その点、昔の下田武三コミッショナー（1907～1995年）は偉かった。「球場は平等でなくちゃいかん。国際規格にしろ。スタンドまでの距離が短い球場は、そのぶ

んスタンドの塀を少し高くしろ」と言った。そうしたら、金がかかるという理由でオーナー連中が反対した。それで結局下田さんはクビになったんだもの。

野球界を良くするのは、本来コミッショナーの役割です。ところがOBとしてコミッショナーに提言すると、「私にそんな権限はございません」と平気で言う。権限がないなら、最初から受けるなって言いたくなりますよ。

私は「とりあえずOBクラブを充実させろ」と主張しています。かつて業績を上げた選手を呼んで、例えば杉下茂なら杉下に「フォークボールとは何か?」について講演なり講義をしてもらう。

私たちが杉下さんに教わったのは、「フォークボールは見せ球である」ということ。絶対ストライクは投げない、フォークはアウトローのコースが命だ、と。

稲尾和久さんはランナーがファーストにいるときゲッツーを獲ろうと思ったら、速いスライダーを投げる。遅いボールにゆるく当てられると、ゲッツーは獲れない。バッターが速いスライダーをキーンと打ってくれれば、野手の正面に速い球が行くから、ポンポンポンとゲッツーが獲れるんです。

田原 そこまで考えて投げているんですか。

広岡　ええ、そう言っていました。名選手にはやはり一家言あります。名選手の言葉は野球技術の宝庫です。

田原　すごいなあ。先のＯＢクラブの話ですが、それを母体にしてどうするんですか。

広岡　日本プロ野球ＯＢクラブは約千三百人くらい会員がいて、会員は年に一万円の会費を納めています。この組織をもっと活用すべきだと私は考えているのです。

田原　現状では、ＯＢクラブが上手く機能していない、と。

広岡　現在は八木澤荘六が理事長（代表者）ですが、「おまえ、何時から何時まで働いてるんだ？」と聞くと、12時から5時で終わりだそうです。そんな会社ありますか（笑）。それだとお茶飲むのがせいぜいでしょう。

田原　いま、若い連中の興味が野球からサッカーに移っています。高校でも大学でも、サッカー部のほうが力を持っている。だからＯＢももっと真剣に考えなければなりませんね。

広岡　そういう危機感がないんでしょう。

「どこかの球団からお呼びがかかったら、監督やコーチとして行ってやる」というのが、これまでの球界の慣例でした。つまり、待ちの姿勢です。しかしそういう時代はもう過ぎました。「俺はこのチームに三年後に指導者として必ず戻ってくる」と自分からアピールしなければならない時代が来ている。アピールしてすぐには採用されなくても、「あいつはあんなこと言っていたな」とフロントの記憶に残れば、なんらかのきっかけにはなるはずです。ただし、自分から売り込むからには勉強しなくてはならない。また、永久に雇ってくれと言うのはおかしい。三年契約にして、三年で結果が出なかったら潔く辞めろ、とアドバイスしています。

私は引退する選手たちに言っているんですよ。球団を去る前に、「あの選手はいい素材だ。自分に任せてくれたら必ず一人前にするから、俺を使え」と言っておけ、と。ただ、そういうふうに言うためには、指導者になるための勉強をしなくてはいけない。OB組織が率先してそういう場を作ったほうがいいと、私は提言しているわけです。

田原　プロ野球の未来のためなら、そういう教育機関を作るのに多少金がかかったっていいじゃないですか。

広岡　私もいいと思う。でもコミッショナーがそんなことを言い出せば、クビになってしまう。

田原　とにかく金を使うな、と。

広岡　変なところばかりに金を使うんですよ。ユニフォームなんかはコロコロ変えるでしょう。運動具屋さんに貢献しているようなもんです。

田原　まっとうなところに金を使わないから、ロクな監督やコーチがいなくなってしまった。

広岡　いませんね。ベンチでふんぞり返って監督をしてるようじゃダメです。

田原　なぜ、広岡さんの時代に比べて、いまの監督やコーチがダメになったんでしょう。

広岡　球団を持っていればアメリカが褒めてくれる。球団の社長やフロントが、そういう損得勘定で球団を持っているからでしょう。巨人もそうです。日本ハムは、なぜ大谷をアメリカにやるんですか？　優勝するための一番大事な選手をなぜわざわざ放出するんですか。

田原　大谷を出せば金が入ってくるからでしょうか。

広岡　いまの日本のプロ野球は損得でやっています。勝つためにやっているんじゃない。Bクラスでも金儲けになればいい、という考え方です。

田原　さっきコミッショナーには権限がないというお話でした。では現実には誰が一番権力を持っているんですか？

広岡　監督と言いたいところですが、監督も持っていません。監督のクビをとる権限を持っているオーナーや社長は、野球のヤの字も全然知らない。不幸なことです。

田原　野球全体のことを考えている人が、誰もいないということですか。

広岡　さっきも言ったように、野球界全体の発展を考えるのは、本来はコミッショナーの仕事です。アメリカではそうです。しかし日本の場合は、やっぱり巨人ですよ。正力松太郎が「良い野球をやれ」と言った伝統を引き継いでいかないといけない。

アメリカは多民族を平等に扱う中で、どうするべきかと大変な苦労をしています。向こうのコミッショナーは球団のオーナーとキャンプを一緒に回って、ずっと話をしている。それに引き換え、日本のコミッショナーはあそこを見て、何を食べてと、まるで観光旅行気分。日本のプロ野球のオーナーはみんな道楽です。良くしようとあれこれ思案しているとは、とても思えない。得とラクの優先。アメリカ人の真剣さに比べたら、日本人はズルイですよ。やり方を全部変えないとダメです。

田原　広岡さんは日本の野球を変えようとしてずっとやってきた。なのに、なぜ広岡さんの後継者が出てこないんでしょうか。

メジャーリーグが導入した「氣」のトレーニング

田原　広岡さんは藤平光一先生のご子息であり、心身統一合氣道継承者の藤平信一会長に、メジャーリーグのロサンゼルス・ドジャースで「氣」の指導をやってみませんかと持ちかけたんですよね。なぜ紹介したんですか？

広岡　私はドジャースのエグゼクティブだったエーシー興梠《こおろぎ》さんと長年親しく、彼も合氣道に関心が高かったので、「いつかドジャースにも『氣』のトレーニングを導入したい」と、かねてから話し合っていました。そう、二十年来の夢だったんです。そこで藤平会長にお声がけする前年、現地を訪れてドジャースのフロントにプレゼンテーションをしておいたのです。

田原　どんなプレゼンテーションだったんでしょう。

広岡　アメリカ人というのは、実際にやってみて納得しないと、絶対に信用してくれません。そのときは、マイナーリーグのディレクターを務めるディジョンという黒人の大男が、「こんな爺《じじい》を俺が倒せないわけがない」って向かってきたんですよ（笑）。

田原　広岡さんはその大男を倒した？

広岡　ええ。年齢差も体格差もあり過ぎるくらいある私がディジョンを倒したものだから、「合氣道、面白そうじゃないか」ということになり、その後、エグゼクティブが来日して藤平会長の指導を体験し、「これこそ、いまのドジャースに必要なものだ」と、2010年1月の特別キャンプに、藤平会長を招聘したんです。

田原　広岡さんはなぜメジャーリーグに「氣」のトレーニングを導入しようと考えたんですか？

広岡　それには二つの理由があります。私は、現役引退後のメジャー留学で指導者としての勉強をたくさんさせてもらった。そのご恩返しをしたかったのが一つ。

その後もたびたびメジャーリーグを視察する中で、マイナーリーグには、各国から集まった身体能力に優れた選手がたくさんいますが、指導が行き届かずに上へ行けない選手も多いことに気づいた。私が「すべての運動の原点」と考える藤平先生の「氣」の原理原則を彼らに教えたら、もっと上手くなるだろうと思ったのがもう一つの理由です。

田原　ドジャースでの指導を、藤平会長は二つ返事で引き受けたのですか。

広岡　藤平会長はいろんなアスリートの指導経験があり、2008年北京オリンピックのソフトボール女子日本代表の指導もしていました。ただ野球選手の指導は未経験だったので、当初はいきなりメジャーリーグでの指導に当たることを心配していましたが、「野球のことは私が責任を持って教える。会長は合氣道のことだけ、選手たちに教えてください」と言って押し切ったのです。

田原　じゃあ広岡さんも一緒に指導に行ったんだ。

広岡　その予定だったのですが、ドジャースとの間で手違いがあって、出発の前日に同行を取りやめることにしました（笑）。きっと最初は心細かったと思いますが、藤平会長にとっては良いご経験になったのではないかと思います。あの厳しい環境で、その後三年間連続して、ドジャースの指導に当たったのですから。

田原　向こうでは選手たちにどんなことを教えたのでしょうか。

広岡　まずは基本である「足先まで氣が通った盤石な姿勢」からだったのでしょう。初日に藤平会長に与えられた時間はわずか十五分だったそうです。選手たちも最初は半信半疑だったようですが、「学ぶ価値がある」とわかってからは熱心に受講し、翌日から三十分、一時間、と時間が徐々に延び、一人も欠けることなく無事十日間のトレーニングを終えたそうです。

田原　氣のトレーニングで選手たちは変わりましたか？　特筆すべき選手は？

広岡　その秋のアリゾナキャンプで二度目の指導が組まれ、私も同行してマイナーリーグの選手八十名を対象にトレーニングしました。そのとき特に熱心だった一人がディー・ゴードン。翌年の2011年にメジャーに昇格し、マイアミ・マーリンズに移籍した2015年には首位打者と盗塁王を獲得。現在はシアトル・マリナーズで活躍中です。

もう一人がピッチャーのケンリー・ジャンセンです。初回の氣のトレーニングを受けた夏にメジャーデビューして、母国オランダのWBC代表としても活躍。2017年にはリーグ最多セーブを記録しています。彼は毎日最前列で指導を聞いていました。彼ら以外にも七、八人はメジャーに上がっていると思います。

田原　ところで広岡さん、日本のプロ野球選手には合氣道を教えないのですか？

広岡　いや、心身統一合氣道会の道場にやる気のある選手を集めて、「勉強会」という形でやっています。チームを横断した勉強会なので、誰が来ているかは秘密ですが(笑)。

私は先に申し上げたように心身統一合氣道が「すべての運動の原点」であり、「心が身体を動かす」という氣の原理は、野球選手のみならず、すべてのアスリートや一般の方々にも非常に有益なものと考えています。

日本の野球界はアメリカ大リーグの二軍なのか？

田原　私の感覚では、日本人選手がメジャーに行く理由は、収入が多くなるからだと思ってるんですが、違うんでしょうか。

広岡　いや、球団が儲かるからでしょう。日本ハムが大谷を出したでしょう。エンゼルスは移籍金を二千万ドル（約二十三億円）払った。球団はそれが欲しい。

田原　ああ、球団が儲かる。でも、大谷本人も行きたかったんでしょう。

広岡　大谷は向こうが上だと思ってるんですよ。

田原　私から見ると、日本のプロ野球は大リーグの二軍になったような気がします。日本の選手たちもできれば大リーグに行きたい。

広岡　大リーグの本質は多民族だということを知らないんですよ。日本は日本の野球をやればいいんです。それができないのは、やっぱりコミッショナーがだらしないからでしょう。アメリカの３Ａの選手などは、ハングリーだから死に物狂いでやってますよ。その努力をできもしない選手に、日本の球団はなぜ五億も六億も出すかがわからない。

年俸五億五千万円のピッチャーが一回も投げなかったら、「すみません五億は返します」というのが一般の常識でしょう。サラリーマン社長でも五千万円の年収を得るのは大変です。松坂大輔は四億円で複数年契約して十二億円くらいただ取り。そして今度は中日に行った。ナンセンスの極みです。

十代や二十代は体力全開でも、三十歳近くなったら下降線をたどるのは自然なこと。それなのに日本は、四十歳近い選手にも若い頃と同じように金を出す。松坂に大金をやるんだったら、これからという若い選手に金をやって鍛えたほうがずっといいですよ。

田原　素朴で単純な疑問ですが、日本の野球は働いてない選手になぜ高額なお金を支払うんですか。

広岡　それは、その選手にかつて良かった時代があったから。何億という金の重さで移籍するのを抑えてるだけです。育てることはしません。田原さん、ベンチに座ってるだけで、何億ですよ。こんなにラクなことはないでしょう。昔の落合（博満）なんか三年間、三冠王獲ってやっと三億、それなのに、一回も獲らないヤツが六億くらいとる。

ある球団の社長に「結果を出してないヤツに何億も出すことないでしょう。あなたたちは札束で動くのを抑えているんじゃないですか」と言ったら、「そうだ」と。何億やるからよその球団に行ってくれるな、とハッキリ言うんですよ。よそに行ったら損をするということばかり考えている。「人は育てれば必ず育つ」という信念がない。

田原　抑えるというのは、自分のチームに確保しておくという意味ですか。

広岡　そう。よそに行かれたら困るから。アメリカでは、よそに行かれたら困るからという理由で、選手を抑えておくなんてことは絶対にできません。

また、いまの選手たちが間違っているのは、バランスが取れたトレーニングをしていないこと。ウエイトトレーニングでパワーばかりつけて、肉体労働者のような身体つきになっている。巨人の阿部慎之助なんか、走るのもモタモタしていて、私が監督だったら「もっと身体を締めないと、クビにするぞ」と言いますよ。エースの菅野智之もいまのままだと、きっと二、三年で終わる。巨人の選手はみんな太っています。

田原　わかります。菅野はポヨッとしていますよね。

広岡　どちらかといえば、トレーニングしたら痩せるのが普通ですよ。それなのに、日方をつければパワーがつくと言って、一日に五回も六回も食事をしていると聞きます。良く噛んで食事している選手が一人もいない。ただ食べるだけでは、五臓六腑を傷めるだけ。本当に愚かです。最近のプロ野球を観ていると、不愉快な気持ちになってきます。

北朝鮮危機を煽るためのJアラート

田原　私が最近一番不愉快だったのは、話は変わりますが、北朝鮮が発射したミサイルが日本の上空を飛んだときに、Jアラートを鳴らしたことです。まったく意味がありません。Jアラートを鳴らして、どうしろと言うんですか。第一に、ミサイルが飛ぶ軌道は日本の上空とは呼べない。日本の上空というのはせいぜい高度100キロメートルより下。500～600キロメートルの高さはもう「宇宙」です。

要するにあれは、安倍さんが北朝鮮への危機感を煽りたかったからです。国民に大変だぞ、大変だぞと印象づけたかった。なんでそんなことをやるかといえば、「やっぱり自民党じゃなきゃダメだ」と思わせて選挙に勝つためです。インチキですよ、あんなの。そもそもJアラートを鳴らして、どうしろと言うんだよ。ということを、新聞は書かないんです。テレビも小学生の避難訓練の様子の映像を垂れ流すだけ。

広岡　そうなるとは思わないけど、万が一、北朝鮮とアメリカが戦争になったら、日本をまず攻撃すると思いますか。

田原　やるとしたら、まず韓国ですよ。けれど、それも私はないと思います。トランプはよくわかっています。もし、アメリカが武力行使をして北朝鮮が反撃すれば、平壌からソウルは近いのでミサイルを飛ばさないでもソウルは火の海になる。だからマティス国防長官は武力行使に絶対反対。更迭されたティラーソン国務長官も反対でした。

だからこそ日本では、「北朝鮮がやるぞ、やるぞ」と独自に脅威を煽る必要がある。安倍首相は記者会見で「我が国に北朝鮮が弾道ミサイルを発射」とまで言いました。「我が国」ではなく、「我が国の方向」であり、しかも飛んだ上空は我が国のものではない。

つまり、あの手この手でこういう危機があるから自民党じゃなきゃダメだと国民に刷り込んでいる。これも一つの空気を作って、流している例だと言えます。その空気を破ったら排除されてしまう。

「田中派をぶっ潰す」――小泉総理誕生秘話

田原　「空気を読まない」一つの例を挙げましょう。

　2001年の春、中川秀直という政治家が飯を食おうと連絡してきました。赤坂の「津やま」で会ったら、こう言う。実は小泉純一郎が総裁選に立候補しようとしている。しかしその前に二回惨敗した。今度負けたら、もう彼の政治生命は終わりだ。「田原さん、どうすればいいと思う？」と聞かれました。

　そこで私が、いままでの総理大臣は、田中角栄以降、田中派から全面的に応援を受けた人間が就任している。もし、小泉が田中派と全面的に喧嘩する、田中派をぶっ潰すと言うなら、私は支持すると言った。そうすると、ちょっと待ってと言って、下から小泉を連れて上がってきた。小泉純一郎に、「あなたがもし、田中派を本気でぶっ潰すんなら、ぼくは支持してもいい。でも、あんた暗殺される可能性がありますよ」って言ったら、「殺されてもやる」と答えた。

広岡　誰に暗殺されるんですか。

田原　派閥にです。

広岡　田原さんは田中派をぶっ潰したかったの？

田原　いや、私は別に田中派でも反田中派でもない。官房機密費ももらってないし（笑）。しかしずっと田中派の総理大臣ばかり続くのは面白くない。

小泉っていう男は、言葉の天才ですよ。「田中派をぶっ潰す」と言っても、それは党内の権力闘争であって、国民には関係がない。それがわかっているから、選挙では「自民党をぶっ壊す」って言い換えた。拍手喝采を受けたそのワンフレーズ・ポリティックスの小泉劇場で当選したんです。

広岡　小泉は顔が悪い。あれは総理の顔じゃないですよ。

田原　もう一つあります。その総裁選では橋本龍太郎も立候補していました。亀井静香が、橋本の応援にまわった。亀井と橋本が組んだら、橋本が勝つに決まっている。そこで私は、中川秀直と安倍晋三に「亀井は脇が甘いから、彼を口説き落とせば落ちるぞ」と伝えました。そうしたら、安倍と中川が、「田原さん、何と言って口説けばいいか」って聞くから、「それは簡単。橋本の応援なんかしても何のメリットもない。もし小泉の応援をしてくれたら１００％、亀井さんの言うことを聞く。だから小泉が首相になったら、亀井さんが首相になったみたいなものだ」と言えって。

で、二人がそう言って口説いたら、亀井が折れて、小泉が首相になった。ところが小泉は100%、亀井を裏切った。私は小泉に、「あなたは首相になったけど、世話になった亀井を裏切ったのはおかしい。人間的には大いに問題だ」と言った。そうしたら小泉が、「確かに田原さんが言う通り、人間的には問題だ。だけど、権力ってそういうものですから」って（笑）。なかなか言うな、と思って面白かったです。

田原　その後、民主党が政権を取ったときに、亀井静香が郵政改革担当大臣になり、小泉が日本郵政の社長にした人間をクビにした。そして郵政の組織を一変させた。そのとき私は亀井に、「あなたそんなに郵政に興味あるの？」って聞いたら、「まったくない。俺は小泉がやったことを全部ぶち壊したかっただけだ」と本人が言ったんですよ（笑）。

広岡　問題ですね。誰か政治家で「こうやれ！」って言える人は出てきますか？

田原　情けないのは、ポスト安倍が出てこないことです。

自民党の劣化——
自民党勉強会で噴出した自民党批判

広岡　いま、政治家が勉強をする場ってありますか？

田原　それが小選挙区制になって以降、時間があれば選挙区を回りたいから、勉強してないし、その時間もない。もともと自民党には派閥があった。派閥イコール勉強会ですよ。勉強会で、派閥のトップが猛烈に教えていました。

昔は自民党の派閥によって政策が違ったんですよ。例えば、大平派（宏池会）は完全にハト派ですよ。ハト派でこの国をどうすればいいかについての政策をちゃんと作っていこうとしていた。福田派（清和会）はどっちかというとタカ派。この国の安全保障をどうするかを派閥内で議論していた。各派閥の性格が違って、その政策をみんなに教えていたんです。

ところが、現在の自民党に派閥はあるけれど、勉強はやらなくなった。自民党の劣化ですよ。私たちは若い頃、野党なんかにまったく興味がなかった。自民党の主流派と、反主流派や非主流派の論争や喧嘩こそ、非常にリアリティがあってダイナミックで面白かったから。昔は自民一強で、連立政権や野党への政権交代はなかった。反主流派との喧嘩で負け、岸信介、田中角栄、福田赳夫、宮澤喜一らは辞任に追い込まれた。

広岡　昔の政治家は、それなりに重みがあったね。面構えも良かったし、言うことにも一家言あった。

田原　ところが、選挙制度が変わり小選挙区制度になって、執行部の推薦がないと公認されないから、みんな執行部のイエスマンになっちゃった。もっと言えば安倍さんのイエスマン。自民党の中で論争がまったくなくなった。イエスマンということは、日本をどうするかなんてまったく考えていないということです。

自民党の連中はこの国をどうすればいいのかなんて、ほとんど考えてない。選挙で当選すること、できるだけ早く党の役員になりたい、あるいは大臣になりたいということしか考えてない。ちょっと前に自民党の本部で自民党の議員たち七十～八十名と勉強会をしてきたんですが、最初から最後まで自民党批判に終始した。

自民党は劣化しました。昔は野党なんかどうでも良かった、自民党の中の反主流派が一番怖い野党でした。

広岡　もう一つ安倍政権には腹が立つことがある。私は二十年くらい同じメルセデスベンツの５００に乗っているのですが、自動車税が倍近くに上がっている。どうしてですか。大事に乗っているんだから、タダにならなきゃ嘘だ。アメリカは安くなるのに、日本では高くなる。

田原　外車になると高くなるんですか。

広岡　外車でも日本車でも一緒です。庶民をバカにした税法です。安倍のお父さんの安倍晋太郎や、お祖父さんの岸信介の実弟である佐藤栄作とは一緒にゴルフをしたこともあって仲が良かった。安倍晋三は晋太郎さんの子供だし、山口県が地元だから応援してやろうと思っていたのに。

田原　私も、安倍晋太郎とは仲が良かったんですよ。うん。晋太郎というのはとってもいい男で、真面目。その代わり、竹下登さんにしょっちゅうだまされていた（笑）。

広岡　政治家が自動車産業とつるみ、長く大事に乗っている車の税金を上げて、むりやり買い替えの方向に国民を誘導するというのは、いかにも汚いですよ。

日本の安全保障と思考停止の政治家たち

田原　残念ながら、この国のことを真剣に考えている政治家は日本にはいません。自民党にもいない。真剣に考えるのが怖いんですよ。例えば現在、日本ははっきり言えばアメリカの従属国です。日本は自立した国家だと言うのは、政治の世界ではタブー。自立国家と言っている政治家は、政界にはいません。評論家にはいますけれども。

日本には大きく、三つくらいのタブーがあると思います。一つは、「日本はどういう国になるべきか」というのを言うことのタブー。もう一つ、「日本の経済は、どうあるべきか」を言うのもタブー。三つ目は「天皇問題」です。日本というのはね、非常に特殊な国で、こんな国は世界に類を見ないんですよ。何が特殊だかわかりますか？

広岡　いや、何だろう。

田原　アメリカでもヨーロッパでも、ほとんどの民主主義国家が二大政党制を取っています。片方は保守、もう片方はリベラルです。アメリカなら共和党は保守、民主党がリベラル。イギリスでは保守党が保守、労働党がリベラルです。

保守かリベラルかというときは、経済政策や社会保障政策の違いがメインになります。保守は自由競争で、社会にあまり介入しない小さな政府。しかし自由競争でやっていると経済格差がどんどん大きくなる。勝ち組は少数で、負け組が大多数になり、一般庶民の生活が苦しくなる。なので、次の選挙でリベラルが勝つ。リベラルは格差をなくすために規制を設け、負け組を救済するために福祉制度や社会保障をどんどん充実させる。するとと今度は財政が悪化する。で、次の選挙で保守が勝つという仕組みです。アメリカでもイギリスでも、保守とリベラルがだいたい交替で政権を担っている。

そこで日本の特殊性です。自民党は自分たちを保守だと言っているけれども、福祉政策では大きな政府のリベラルなんですよ。日本は与党も野党も全部リベラル。バラマキの結果一千兆円にも膨れ上がった借金を、何とかしろと言う政党はゼロです。

一番わかりやすい例は、民主党政権のときに野田佳彦総理大臣が消費税を10％にしようと決めました。ところが、それが主たる原因で選挙に負けて、自民党が政権を奪還した。安倍は２０１４年に消費税10％を延期して８％にし、２０１６年に再延期して８％のままにしています。で、前回（２０１７年10月）の衆院選で、安倍総理は２０１９年に消費税を10％に上げると言いましたが、野党は景気がもっと冷え込むと大反対。野田首相のときに、10％に賛同した野党の連中もみんな反対したんです。だから、日本には経済面での保守がいないんですよ。さらに問題なのは、朝日新聞、毎日新聞、東京新聞はリベラルだから、財政悪化についてまったく報道しない。読売新聞と産経新聞は保守ですが、こちらは安倍の応援団だから一切批判しない。

広岡　小泉純一郎も長らく政権の座にいたけれど、彼に対する田原さんの評価は？

田原　日本で保守の小さな政府をやろうとしたのは、小泉純一郎だけです。小泉政権の「小泉改革」は評判にこそなりましたが、成功したとは言えない。そして小泉の経済政策を担当したのが、新自由主義者の竹中平蔵です。だから竹中は評判が悪い。国の財政が悪化して、借金がこんなに多くてどうするのかと誰も言わない。

広岡　田原さんが政治家の方にそれを質問すると、皆さんは何と答えるのですか。

田原　政治家は怖くて「小さな政府」なんて言えません。小さな政府と言ったら国民にウケない。政治家は肝心なことは本当に話さない。核武装の件どころか、日本の安全保障をどうするのかと言うことすらタブーなんです。自民党は憲法改正が党是なのに、自民党の中でも憲法をどうするかというのも安倍以前はタブーでした。

広岡　あの憲法改正については、本当は自民党の中に一番反対の人間が多い。

田原　例えば1991年に湾岸戦争が起きました。イラクのフセインがクウェートに侵攻し、占領した。このときイラクのフセインの軍隊をクウェートから追い出そうと、国連会議でアメリカとソ連の意見が一致した。歴史上、初めて米ソが一致した瞬間です。

こうして湾岸戦争というのが始まった。クウェートからフセインの軍隊を追い出すための戦いです。もちろんヨーロッパの国はNATO軍で全部参加します。日本でも、「国連が参戦しているんだから、日本の自衛隊も参加すべきだ」と、当時自民党幹事長だった小沢一郎が言いました。そのとき自民党の総裁は海部俊樹。海部はまったく力のない男で、彼にそういう判断能力はない。それで小沢は出そうと言ったけど、加藤紘一、野中広務、梶山静六らがみんな反対した。野党ももちろん反対。で、日本は自衛隊は派遣せずに、百三十億ドルの金を出した。でも、世界中から金だけじゃダメだと言われて、宮澤喜一首相のときに、初めて国際貢献としてPKOに自衛隊を出した。しかし汗は流すけど、血は流さない。危なくなったら帰ってくる。いまもそう。

広岡　そうですね。

田原　安倍首相が一昨年施行した、集団的自衛権行使を可能にする安全保障関連法には全野党が反対しました。この集団的自衛権も、実は安倍さんというより高村正彦副総裁が公明党に妥協して、「行使できない集団的自衛権」を含む安全保障法を作ったのです。アメリカが他国から攻撃を受け、そのことにより日本の存立が根底から危なくなるときに集団的自衛権は行使されるのですが、いままでにアメリカが戦争をして、日本の存立が根底から危なくなったことは一度もありません。ベトナム戦争、アフガン戦争、イラク戦争。すべてにおいてない。だから、自衛隊を派兵することはないという前提で作られた法律なんです。では、本当のところで安全保障をどう考えたらいいかについては、自民党から共産党までみんな逃げている。大事な問題についてはみんな逃げている。

広岡　日本人は、ずるい。

田原　基本的に損得でしか考えない。

広岡　そのくせ、国会でも寝てる議員がいるじゃないですか、あれをどう思います？

田原　面白くないからでしょう。つまり、政策論争がまったくないんだもの。

広岡　質問を受けたら答えればいいのに、ペーパーを読むでしょう。ペーパーは前日から準備されているものですか？

田原　役所が作っている。議員は勉強してないから。

広岡　あれを見ているといつも情けないと思う。堂々と自分の言葉で語れないものかと。

マスコミの凋落と堕落がまねくもの

田原　私たちの世界でいま、非常に問題なのは「コンプライアンス」ということです。コンプライアンスとは、本来は法令や規則を遵守することを指しますが、現実は違う。テレビの世界では視聴者のクレームが怖いんです。昔はクレームは電話で来ました。番組の担当プロデューサーが電話に出て、「すみません、二度とこういうことはしませんから」で終わった。いまは、クレームはインターネット経由で来ます。ネットで来ると、テレビ局内の編成や管理、スポンサーまで一斉の目に触れるので大騒ぎになる。下手すると番組自体が潰れます。だから、みんながクレームの来ない番組を作ろう。もっと言うと、無難な番組を作ろう、になっちゃっているんです。

広岡　いま、テレビは面白くない。全然面白くない。どうして悪い事件ばかり報道するんでしょうね。たまにはいいニュースがありましたって、せめて半々に言えよと思う。

田原　要するに、テレビも新聞も何となく安倍批判ムードです。マスコミでは、安倍を褒めるのはタブーなんですよ。それでいて、安倍批判をしながら本当のことは言わない。

私はわりに、本当のことを安倍さんに言っています。「安倍内閣は最近たるんでる。安倍さんは神経が緩み過ぎている」と。だから、森友や加計問題が起きる。

どうして神経がたるんでいるかと言うと、先ほど申し上げたように、自民党の議員がみんな安倍さんのイエスマンになってしまった。本来ならば、自民党の議員が率先して森友問題、加計問題をやるべきです。加計の問題なんか、国家戦略特区諮問会議の議長である安倍さんがワーキンググループの委員たちに、「加計孝太郎は自分の四十年来の友人だけど、だからと言って甘くするな、厳しくやれ」と言っていれば、それで終わりだったんですよ。いくら厳しくやれと言っても、やっぱり委員たちは安倍さんに忖度しますよ。別にしたっていい。

ところが安倍さんが「国家戦略特区に認定した愛媛県獣医学部構想の事業パートナーが、加計学園だったとは知らなかった。愛媛県に決まって初めて知った」と言っちゃった。だけど決まる前の年に安倍さんは、加計孝太郎と七回もゴルフやって飯食っている。知らなかったというのを信じろというのは無理ですよ。安倍さんが別にワイロをもらっているわけじゃないんだから、ちゃんと言えば良かったのにと、私は何人もの委員に言いました。そうしたら、「田原さん、もっと早くそれを言ってほしかった」と。どこの新聞も書かないけどね。

広岡　いまの新聞はダメですね。私は、米国留学から戻って野球評論家になり、サンケイスポーツで記事を書くことになりました。普通は評論家の話を聞いて記者がまとめるんですが、私は当時の部長だった北川貞次郎さんに鍛えられて、自分で記事を書きました。五つ要点を並列で書いたら「一つに絞れ。あとの四つはおのずと付いてくる」など、非常に勉強になったものです。育てられました。

しかし私のようなケースは稀。野球に関しては評論家が勉強する場がないんですよ。育てようという気がないんでしょうね。

田原　いや、「自分で書きます」と言って、食らいついてくる人間がいないんじゃないですか。

共産党は日本の民主主義のお目付役⁉

田原　日本でも、マスコミが大事なところに金を使わなくなってきました。アメリカの新聞もそうです。例えば2016年の大統領選挙で、トランプが当選しました。ニューヨークタイムズやワシントンポスト、CBSテレビなど大手メディアのほとんどが「ヒラリー・クリントン当確」だと言っていた。日本の新聞はアメリカの大手メディアの論調に右へならえだから、こちらもクリントン優勢と。

私は「何で間違えたんだ？」とニューヨークタイムズやワシントンポストの幹部に聞きました。そうしたらニューヨークタイムズやワシントンポストも部数が落ちて、広告料が安くなった、その結果、以前のように取材費が出せなくなった、そのために、両紙ともニューヨーク、ワシントン、ロサンゼルス、そういう大都市は取材するけれども、トランプの大票田となったデトロイトなどの中西部には足を運ばなかった。だから本当のアメリカ人の不満が取材できていなかったんです。

日本も同様です。最近、日本の新聞が面白くない。一つの理由はコンプライアンス。

もう一つの理由は、取材費がどんどん抑えられていることです。昔は、朝日新聞だってスター記者がたくさんいた。いまはいない。なぜだって聞いたら、取材費を抑えられて、十分な取材ができていないからだ、と。肝心なところに金を使わなくなっているんです。

広岡　日本人は自分で研究して、「こうだ。こうすれば良くなる」と、物事を「How to do」で言う人がいないんです。みんな人から聞いたことを、「こうなっている。しっかりしてくれ、頼むぞ」と、「How to say」で言ったり書いたりするばかり。政治家にも「How to do」の人はいない。

田原　政治家にはいませんね。さらにマスコミにも皆無ですよ。

ある新聞の主筆だった人に「批判ばっかりしてないで、たまには対案を出せよ」と言ったことがあります。そうしたらその主筆が、「対案を考えようとすると、研究所を作らなくてはならない。金がかかる。時間もかかる。才能もいる。批判はそれらがなくてもできるから、ラクなんだ」と。

さらに言うと、戦後の野党がみんなそうなんです。とにかく五回ある選挙で全部、安倍自民党が勝っている。でも、アベノミクスが成功しているとは思わない。それで選挙のたびに野党の党首たちに、「アベノミクスが成功していないことはわかっている、だからアベノミクスの批判なんて聞きたくない。それよりもあなたたちが政権を取ったらどうするんだ？　対案を出せ」とぶつけているんですが、どこからも対案が出ない。考えようともしない。まともに考えると金がかかるし努力がいる。投票に行く人は、アベノミクスに満足してるわけじゃないけど、対案が出ないから我慢しているんですよ。

広岡　田原さん、革命を起こしてくださいよ。

田原　私、共産党は政界の監査役だと思っています。つまり、日本をどうするかというイメージ、ビジョン、経営手腕はまったく持っていない。ただ自民党に対する批判能力は高く、その資料を一番集めているのは共産党です。民進党などには何も資料がありません。そういう意味で、私は小池百合子も買っています。ただ彼女に日本をどうするか、東京をどうするかというビジョンはありません。ただ、監査役としての資料を小池百合子は非常によく集めていると思います。

大隈塾が実践する「正解のない授業」

広岡　田原さんもずいぶん後進を育ててきたでしょう。

田原　自分で目論んだことではないんだけど、早稲田大学で2002年から大隈塾というのを始めました。当時の早稲田大学総長だった奥島孝康さんに相談されたんです。その頃、慶應大学の藤沢キャンパスが非常に話題になっていて、全学生がコンピュータを使えるようにする、あるいは英語で授業をやるなど、新しい教育を始めていた。ところが早稲田には話題になるものがなかった。それで奥島さんが「早稲田でも新しいことをやりたい。何かいいアイデアはありませんか」と言ってきた。

そのときの大学は完全に縦割り教育です。早稲田には理工学部、政治経済学部、文学部、教育学部とかいろいろあるけれども、理工学部の学生は理工学部の教員の授業しか受けられない。政治経済学部の学生は政治経済学部の教員の授業しか受けられない。だから学部を超えて、いろんな学部の学生が受けられる、そういう授業を作ろうじゃないかと提案しました。さらに「東大や慶應の学生も受け入れたら面白いんじゃないか」と。

ま、それはさすがに手を広げすぎですが、とにかく早稲田のすべての学部の学生が参加できる授業を作ろうということになった。それでスタートしたのが「大隈塾」です。四単位もらえる正規の授業です。

広岡　田原さんが授業を?

田原　いや、私は塾頭という立場です。政治家や経営者、あるいは学者など、私がこれまでに会って、面白いと思う人物を講師としてお呼びする。

一種の事務局みたいな形をとって運営しています。私がいろんなところで一緒に仕事をしてきた高野孟、つい先日亡くなってしまいましたが、毎日新聞の政治記者でTBSの「NEWS23」のキャスターなども務めた岸井成格、それから村田信之などがメンバーです。私が塾頭を退いた2017年からは塾頭空席のまま、村田さんが代表理事を務めています。毎週ではないですが、いまも「これは」と思う授業には出ています。

広岡　これまでどんな人たちが講義したんですか。

田原　『早稲田大学「大隈塾」講義録』(ダイヤモンド社刊)として何冊かの本にまとまっています。例えば2006年度の『「大隈塾」講義録』の目次に並んでいるのは、安全保障の石破茂、東アジアの共生を目指す左派論客の姜尚中、拉致問題で小泉首相の訪朝を実現した外務省（当時）の田中均などです。

講義するのは一流の人たちですが、私は学生たちに「一流の会社を目指すな」ということを言っているんですよ。一流なんてつまらない。基本的に日本の教育というものは間違っている。小・中・高、もしかしたら大学まで、授業はみんな「正解のある問題を解きなさい」でしょう。2＋2は4、3×3は9。正解のある問題を先生が出す、そして正解を答えないと怒られる。

広岡　確かに自分でものを考えたり工夫したりする人間を育てない。悪い子はいないけど、恥をかいたり泥をかぶったりしてでも、何かをつかもうと自分から前に出ていく子は少ないね。

田原　宮澤喜一が総理大臣になったとき、私にこう言いました。「先進国首脳会議（G7）などの国際会議に出ると、日本の政治家は極めて発言が少ない。英語ができないからか？いや、通訳がいるからそれは理由ではない。日本の教育が間違っているからだ」と。

教師が正解のある問題を出して、その正解を答えるのが日本の教育。しかしG7の問題には正解などない。そもそも正解のないテーマについて、どうすればいいかを検討する場がG7。日本の政治家は正解を答えないといけない、間違っていると恥ずかしいと思うから発言できない。日本でもバブルが弾けて以降、企業に正解なんかありません。

それに対してアメリカやヨーロッパの学校、特に大学では正解のない問題をがんがん出す。それには想像力を発揮して答えるしかない。学生Aが答えれば、学生Bは別の答え、Cはまた別の答えというふうに、がんがん違う意見を出し、想像力を逞しくしてディスカッションする。想像力とディスカッション能力の両方を鍛えるのが欧米の教育です。

大隈塾では、例えば会社を倒産させた後に、その苦境から立ち直っていった経営者とか、クリーニング業界の風雲児とか、農業革命をやっている人とか、そういった人たちにも来てもらう。あるいは政治家も。政治の世界に正解なんかないですからね。

正解のない問題提起をしてくれる人を起用し、学生たちがいろいろ質問してディスカッションして授業を進める。想像力とディスカッション能力を育てるためです。だから大隈塾の授業は、すべて「正解のない授業」です。

広岡　早稲田版「白熱教室」のようですね。

田原　世界でも国内でも公務員でも民間企業でもどこでもいい。想像力を逞しくしてぶつかっていく。そういう人間になって、社会に貢献していってほしいと願っています。政治家が出てきてもいいと思う。私自身は自民党をはじめ、共産党以外の政党すべてから「国会議員になれ」と誘われましたが、全部断わりました。ジャーナリズムと政界はまったく違うもの。私自身は政治家になる気はまったくありませんでした。

広岡　第二の田原総一朗を育てたいという思いはなかったんですか。

田原　それはなかったですね。そもそもそれは、ちょっと無理だと思う。

私のジャーナリストとしての核は、「戦争を知っている＝国家を疑う」というところにあります。こういったことは伝えられないし、もしジャーナリストになりたいという人がいたら、その人は自分で自分の核を育てなければいけないと思う。

広岡　しかしなあ、いまジャーナリストといったって茶坊主が多すぎる（笑）。やっぱり第二の田原総一朗の出現を期待したくなりますよ。

日本の未来へ。鍵は「正解のない問題を解く想像力」

田原　自民党の劣化ぶりがひどいという点では、広岡さんと私は意見が一致しています。なぜ劣化したのか。みんなが安倍さんのイエスマンになり果て、空気を破るのが怖いからです。

この「空気を破るのが怖い」せいで、実はいま大変なことが起きようとしています。現代は人工知能（AI）の時代になっていて、その最前線に並んでいるのは、グーグル、アップル、マイクロソフト、アマゾン、みんなアメリカなんですよ。それで松尾豊という東大のAI研究の権威が、「日本の企業は三周遅れ」と言っています。

広岡　最初からグラウンドで三周も遅れていたら、さすがにその選手は使いものにならない。まあ、そもそも野球界に入ってこないだろうけど（笑）。

田原　その理由の一つが「空気を破るのが怖い」。「空気を破るのが怖い」ということは新しいことにチャレンジできないんですよ。新しいことにチャレンジするということは、他の人と違うことをやること。すなわち空気を破ることなんです。

それと、企業の経営者が三代目、四代目になるとみんな〝サラリーマン経営者〟。私は若かった四十～五十代の頃に企業をずいぶん取材しました。企業で大きな仕事をやった人間は、だいたい常務どまり。で、社長になるのは無難な人間、敵を作らない人間です。敵を作らないということは、空気を破らない経営者だということです。そういう経営者は、守りの経営になってしまう。守りの経営を続けているうちに、日本の企業は世界の人工知能競争から三周遅れになってしまったわけです。今年（2018年）7月に『AIで私の仕事はなくなりますか？』という本を講談社から出したのですが、経営者たちはみんな「日本は三周遅れ」ということがわかっています。

広岡　わかっているのに手を打たないのはなぜですか

田原　いえ、打ちはじめています。この間トヨタを取材しました。トヨタのメイン研究所は名古屋じゃなくて、なんとシリコンバレーにあります。「このまま行ったらトヨタは十年もたない」ことが経営者はわかっている。そして、シリコンバレーの研究所のトップはアメリカ人、サブトップ二人もアメリカ人。要するに、人工知能の時代に日本人社員はついていけないわけです。実はぼくがトヨタを取材したいと言ったら、その研究所のトップのアメリカ人がわざわざ名古屋に来てくれました。それで話をしたら、電気自動車の問題もある、自動運転の問題もある。それらより一番大きい問題は「十五年先にはトヨタが自動車メーカーではなくなる」ということでした。自動車メーカーではやっていけなくなる。欧米ではウーバー（Ｕｂｅｒ）というカーシェアのシステムが発達してきて、自家用車を持つ必要がない。そうすると自動車の販売台数が減る。じゃあどうしたらいいか。そこに取り組んでいる。

広岡　日本を代表する大企業も、安泰ではいられない。危機感が伝わってくるね。

田原　実はパナソニックもメインの研究所はシリコンバレーにあります。その中心人物が去年東京に来てくれた。外資系企業からスカウトされた男です。パナソニックは総合家電メーカーとしてはもうやっていけない。なぜならばテレビなどのＡＶ機器や、冷蔵庫、洗濯機、エアコンといった白物家電は、中国で作ったほうが人件費が安い。シャープが国産の液晶テレビ「亀山モデル」の拡大で失敗し、台湾の企業、鴻海に買収されたのも同じ理由です。

要するに、日本のメーカーは売れそうなものしかやらない。つまり正解のある商品しか作らない。売れそうなものばかりやったんじゃあ、しょうがない。

日本人への遺言「空気を破らないと世界に追いつけない」

田原　要するにいかに新しいニーズを発見するか、いかに新しいニーズをつかまえるか、これがシリコンバレーの発想です。シリコンバレーでは三、四回失敗していない人間は相手にしません。逆に、日本は一回失敗したら終わりなんです。空気を読む、正解のあるものを作る、失敗したヤツは信用しない。この純和風三点セットで、三周遅れになっているようなものです。

広岡　なんだか銀行も人工知能に仕事を任せるからと、行員たちを大リストラしているみたいだし、世の中がぐんぐん変わっている。

田原　三井住友銀行や三菱ＵＦＪ銀行のメインの研究所もシリコンバレーです。銀行は現在いる従業員の七割がいらなくなると言われています。銀行ももう貸し付けでは食べていけない。これの主たる原因は経済成長が止まったことにあります。景気が悪くなると、企業が設備投資を控えるようになる。だからカネが要らない。外国に工場を作る企業もありますが、それは銀行から融資を受けるのではなくて、直接投資によるものです。株を発行する。しかも海外で。

どんどん銀行の業務はなくなっていく。ではどうするか。三井住友銀行も三菱ＵＦＪ銀行も、これからは金融ではない「総合サービス産業」を目指そうとしている。例えば企業相手なら「あなたの会社はこんな事業をやったらどうですか」と提案する。完全にコンサルです。最近流行りの言葉で言うと「ビジネスプロデュース」。

いったい、これからどういうビジネスが受けるか、世界はどう変わっていくのか、そういう情報をつかむために、銀行もやっぱりシリコンバレーなんです。

それからさらに長期的なスパンで言うと、もう一つ大きな問題があります。いまの人工知能は「特化型人工知能」といって、例えば囲碁の名人を負かせるＡＩは、囲碁しかできない。それが二十年、三十年経つと「汎用型人工知能」が普及しはじめる。そうすると早ければ２０４５年、遅いと２０５５年あたりに「シンギュラリティー（技術的特異点）」の時代が来る。シンギュラリティーの時代が来ると人類の仕事の90％が人工知能に奪われると言われています。ではどうするか？　それで最近ヨーロッパでは国民に一律に生活に必要な金額を配る「ベーシック・インカム」についての議論が盛んです。

しかし従来の仕事の90％がなくなっても、仕事がなくなるわけではない。私は「仕事とは作るものだ」と考えています。ベーシック・インカムの時代になると、生活の資本を出すための仕事ではなく、生きるための仕事、これが重要になってきます。だから、何がやりたいのかということを身につけなければならない。これまで、サラリーマンの多くはやりたいことをやってこなかった。ある意味では月給というのは〝ガマン料〟だった。それが、定年になって「こんな人生で良かったのかな」と後悔している人もいっぱいいます。だから早い段階から、「人生を賭けて何をやりたいのか」を見つけなければいけない。広岡さんと私は、若いうちに生涯の仕事を見つけられた。何よりの幸福です。

広岡　幸いなことに、私の子供たちはみんな優秀なんですよ。孫たちも非常に優秀。自分の好きな道を見つけてやってますね。

田原　私は趣味がまったくない。仕事が趣味。そして好きなことしかしない。広岡さんもそうでしょう。

空気を破らないと世界に追いつけない。日本人はいま、このことを肝に銘じるべきだと思います。

百年人生を迎えるにあたって大事なこと

広岡　田原さん、われわれはあと五年か十年生きるかどうかもわかりません。でも、正論は曲げたらいけませんよ。正論は絶対に残さなくては。

田原　私もそう思います。でも広岡さん、私はいまゲノム編集やＩＰＳ細胞の取材をしていて、先週も京都大学ＩＰＳ細胞研究所に行ってノーベル賞を受賞した山中伸弥教授ほか何人もの研究者に話を聞きました。彼らの研究が本格化すると、おそらくここ十年以内に、がんやあらゆる病気が全部治るようになるそうです。

広岡　全部？　何を言ってるんだか（笑）。

田原　いや、学者たちがみんなそう言っているんですよ。そうすると平均寿命が百二十歳になるだろうと。そこで問題になるのがサラリーマンの定年。いま六十歳や六十五歳でしょう。定年後、六十年間も延々と生きないとならなくなる。さあどうする？

広岡　人間たるもの、目的もなしに長生きしても、意味がないでしょう。

田原　だから、ただ死ぬのを待つだけじゃなく、これからの高齢者が生き甲斐を持って、どう百二十歳まで生きればいいかということを広岡さんにお聞きしたい。

広岡　私は、人間がずっと生きられるなどという話は、全部嘘だと思っています（笑）。

田原　でも広岡さんだって、八十六歳までずっと生きているじゃないですか。

広岡　私は人間として生きるための正しい生活をしていますから。

田原　そこを聞きたい。生きるための正しい生活とは何ですか。

広岡　例えば肉食動物が食べるものを草食動物に食べさせたらきっと死ぬでしょう。それが宇宙の理《ことわり》。人間の食べるべきものは何か。人間にとっての主役は何かと言えば地球ですよ。それなのに、人間が主役のつもりで地球を下に見ているのが大間違い。それで栄耀栄華の生活をして、金持ちになって、長生きしたいなんて虫が良すぎる。

田原　主役が地球ということはどう考えればいいのですか。

広岡　私たちは大自然の一部です。その法則に従って、日々生きている。例えば深呼吸をすれば、太陽や土や水など自然界が発するエネルギーを受け取ることができます。人間は本来、そのエネルギーを生命活動に活かせるようにできているんです。毎日健康に過ごし、積極的な考え方をし、睡眠時には宇宙のエネルギーを吸収しながら身体のコンディションを整える。けれど、いま、そういうことを説明してくれる人がいません。食事を摂るのも自分のエネルギーとするためなのだという基本的なこともちゃんと教えてもらってない。野球界の指導者たちも勉強不足です。

田原　昔は、巨人が強いからプロ野球は面白かったのに。どうしていい選手をいっぱい獲りながら監督やコーチがうまく使えないんですか。

広岡　あれだけいい選手がいて勝てないのは、全面的に指導者が悪い。選手にもっとわからせなければいけない。昔の巨人では、一つのポジションに必ずライバルをあと二人くらい置いていました。そして、「スキあらば、俺が行くぞ！」と牽制しあっていた。だからレギュラーは常にベストを尽くす必要があった。競争の原理は絶対に必要です。

田原　広岡さん、「わからせる」って、具体的にはどういうことなんですか。

広岡　正しい理論を証明するには、身体が覚えるまで時間がかかるということです。

田原　そうか、頭でわかって身体でもわかるためには時間がかかる。では身体にわからせるためにはどうしたらいいんですか。

広岡　毎日、見よう見まねでも練習することです。これは野球に限ったことではありません。昔の板前さんは、親方の手元をじっと見ながら覚えて、寝床に入っても練習をしていた。そういう説明をしてくれる人がいないから見過ごしているだけです。

いまが底の球界、政界、経済界、日本を変える勇気を

広岡 日本人は腐っています。「こうしたら良くなる」とわかっているのに、誰も言わない。卑怯ですよ。私は野球人ですから、野球を通じて「こうしたほうが良くなる」ということは言える。田原さんがご専門の政治のことはあまり知りませんが、やるべきことをやっているのに、何らかの理由で経済的に困窮している人に対しては国が援助すべきです。しかし、やるべきこともせずに幸せになろうとする人間が多すぎる。まず国民一人一人がやるべきことをきちんとやることが、始まりですよ。そういう国であるべきです。安倍晋三はそれがわかっていないと思う。

田原 いまの政治の一番の問題は、まず野党が自民党を批判するだけで、政権を取ろうとする意欲がない。安倍内閣になってから五回の選挙があった。私は野党各党の代表に「アベノミクスの批判など聞きたくない。あなた方が政権を取ったら経済政策をどうするんだ」と聞いた。誰も答えなかった、政権構想というものを持っていないんですよ。

広岡 政界にも問題はあるが、いまの野球界は腐っている、最低ですよ。でも、「こう

すれば素晴らしく良くなる」というのは、どの世界であれ、言い続けるべきだと思うんです。

田原　プロ野球に限らず、政治・経済、この国自体もいまが底なのかもしれませんね。

広岡　でも、悪いということは良くなる前提です。そう思えば、悪いときには勉強できるんですよ。いいときにより良くするのは難しい。いまが悪いんだから、何も悲観せずに、少しでも良くなる方法を考えればいいんです。だけど勇気がないから、どんどん落ち込んでいく。

田原　最近、新幹線内で無差別に切りつけたり、元自衛官が交番の警官を刺殺したりと、わけのわからない殺人事件が頻発しています。世の中のために自分がどう役に立っているかがわからない、生きている意味がわからない、などと犯人たちは述懐していますが、いま、そういう人間がとても多い。ああいう人間にどう対処したらいいのでしょうか。

広岡　簡単です。他人を殺す人間は死刑にすべきです。人を殺すということは「殺したい」と心が思うから殺すんです。事件になると、弁護士がついて「心神喪失状態にあった」とか何とか言う。そういう人間を社会に戻すのは間違いです。改心？　ヤツらは生きているかぎり、改心なんかしやしません。やっぱり「他人を殺したら、自分も殺される」と思えば、めったなことはしませんよ。

田原　生きるとはこういうことだ、地球があって人間の存在があるんだ、ということをはっきりと言ってくれる人が今後ますます大事になるということですね。

広岡　私は、人間にとって宗教はあってもいいものと思いますが、ただ、「神様、仏様、いくらお賽銭を払うからどうか助けてください」という、まさに神頼み的な宗教心は間違いだと思います。あまりにも次元が低すぎる。

正しい神様、仏様への祈りとは、「自分は正しい方向に向かって、精一杯の努力をしています。どうか私のやっていることを見守ってください。力を与えてください。そして至らない部分を教えてやってください」というものじゃないかと思う。まず自分ありき、自分の存在が一番大事です。

ぼくらはいい先生に巡り合ってきた。それに尽きる。天風先生にしても、二十代の頃に知遇を得ましたが、この歳になって著作を何回読み返しても飽きない、新しい発見がある。それが本当の書物です。面白おかしく書いてある本は読み捨てればいい。

田原　広岡さん、例えば文部科学省の局長が自分の息子を医科大学に入れるために、国の税金を融通してやるとか、そういうヤツらがこの国にはいっぱいいます。一体どうしたらいいんでしょうか。

広岡　そういうのがまかり通るのがおかしい。変えないと、この国はもうダメです。近年、「自分さえ良ければいい」という風潮が目に余ります。車に乗っていても、ウィンカーを出さずに曲がる、あるいは曲がり始めてからウィンカーを出す連中が非常に多い。以前から問題化しているのに一向に減らない「スマホ歩き」も同様です。自分のことしか考えない人間が、なぜこんなに増えてしまったのか。他人を思いやり、周囲に迷惑をかけない気配りや振る舞い、その根底にある前向きな考え方は日本人の美徳だったのに。

田原　じゃあどうしたらいいんですか、変えるために。

広岡　まず国民に教えなければならない。学校教育が間違ってるんだから、学校の先生から教育し直す必要があります。そんなだから平気で人を殺すようなヤツが出てくるんですよ。そして、結果に対してばかり文句を言うのは日本人の特徴。大岡越前はいいことを言うよね、「考え方が間違っとるうちは治らん」って、涙が出てくるよ。そして大岡裁き、いい裁判をする。日本は本来それだけいいものを持っていたのに、やっぱり教育が間違っているんだろうね。

田原　何が間違っているんですか？

広岡　やっぱり教えている人が、何が良いか、悪いかということを知らない。人間というのは良い面と悪い面の二つがある。悪いところには多少目をつぶって、良いところを伸ばしてやるというのが正しい教育ですよ。こういう生活をしなさい、こういう考え方をしなさい、そうすれば君は必ず伸びる、そう言ってくれる人がいない。

田原　なぜいないんだろう。

広岡　何でもラクなほう、ラクなほうへと流れてしまって、そういう人がどんどん少なくなってしまったからでしょう。それでも、スポーツ界の範として、一番期待できるのは巨人です。「巨人はこうやったから勝てた！」というモデルをこれから作ればいいと思うんですよ。政治も「こうやったら日本の政治は良くなる！」とはっきり言えば、少しはわかりやすくなるのにね。

田原　広岡さんがお元気で頑張っている間は、日本は大丈夫ですよ。

広岡　まずは巨人を強くしなきゃあね。

おわりに　広岡達朗

人は必ず育つ。

なぜなら私たち人間は、誰もがみな何かの役割を果たすために、天から遣わされてきた存在だからである。それが私の場合は、たまたま野球であった。一方で、田原さんは小説家志望から転じ、日本でも指折りのジャーナリストとなった。80歳を超えた現在でも精力的に活躍している彼のことを知らぬ人はいないだろう。

本書の冒頭でお話ししたように、私たち二人は戦時中に生まれ、軍国少年として育ち、ともに海軍兵学校を目指していた。しかし1945年の敗戦後、この国のため、天皇陛下のためと耐え忍んできた国民全員が価値観の大転換を余儀なくされた。それでも日本人は焼け跡から、それぞれの道を模索し、奮闘努力して、世界から「奇跡的」と呼ばれる発展を遂げたのである。

近年、「激動の時代」などと言われて久しいが、あの戦争を身近に体験したわれわれからすれば、「何を言っておるのか」と思わざるを得ない。

ほぼ同世代の田原さんと対談をしながら、80年以上の来し方を振り返れば、人の一生などあっという間に過ぎていくものだとしみじみ思う。そうであれば、世間や他人の目を忖度している暇などないはずだ。周囲との軋轢《あつれき》を恐れず、自己の信念に基づいて、この国の未来を拓いてくれる人々が増えることを切に願う。

対談中でもしばしば触れたが、若い頃の私が、あれほど敵愾心を燃やし、憎みさえした川上さんとの出会いがなければ、私の人生の道程はきっと違ったものになっていたであろう。そう思うと、いまでは本当に感謝に堪えない。「敵がいないと人間は堕落する」すなわち、「敵が多いほど、苦難が多いほど人生は豊かになる」ことに、この年齢になってようやく気づいたのだ。

正しい信念を持って、日々生きること、その信念の礎《いしずえ》となる正しい生き方、正しい食生活をし、自然治癒力を高めること。それでも病やケガに見舞われたときには、身体が「おまえは間違っている。正しなさい」と教えてくれていると考え、誤まった生活習慣を改めることが、齢をとればとるほど、ますます大事になってくる。

三十代から四十代、五十代と年齢を重ねるごとに、身体が必要とする食物は変わってくるのが自然の摂理である。いつまでも若いつもりで肉食中心の食生活を続けていると、腸内に長くとどまった肉が血液を汚してしまい、万病の元となる。

本文中の対談でも触れたが、私は、病気やケガをしにくい身体づくりのためには「血液がすべて」と考えている。肉食を減らして自然食を摂り、人体を構成する細胞すべてにめぐる血液を弱アルカリ性に保つことが、健康状態を良好にし、免疫力を高めてくれるからだ。

また、人間は「感情の動物」であり、心の状態も血液に多大な影響を与える。天風先生の教え「怒らず、恐れず、悲しまず」の通り、いつもプラスの心構えでいることが、血液を弱アルカリ性に保つ、大事な秘訣である。

「自分は万物の霊長である」というプライドをいつも持ち、天が与えてくれた身体と心、脳を甘やかすことなく、ラクに流れず、自分を律して、心と身体をいつも前向きに保ちなさい。そして、やるべきことをやって、最期の日まで生き抜いて、誰もに与えられた「天命」をまっとうしようではないか。

私たちの「遺訓」
球界、政治・経済、マスコミ、この国の未来のために

2018年9月25日　初版発行
著　者　広岡達朗×田原総一朗

発行者　佐藤俊彦
発行所　株式会社ワニ・プラス
〒150-8482　東京都渋谷区恵比寿4－4－9えびす大黒ビル7F
電話　03-5449-2171（編集）
発売元　株式会社ワニブックス
〒150-8482　東京都渋谷区恵比寿4－4－9えびす大黒ビル
電話　03-5449-2711（代表）

ブックデザイン　柏原宗績
編集協力　温水ゆかり
撮影　門馬央典
ＤＴＰ　小田光美（オフィスメイプル）
印刷・製本所　中央精版印刷株式会社

ISBN 978-4-8470-9676-1
ワニブックスHP　https://www.wani.co.jp